京から奥州へ

義経伝説をゆく

京都新聞出版センター

京から奥州へ　義経伝説をゆく　目次

落魄の貴公子へ捧げる挽歌

日本人は、悲劇の人物を愛し、その生涯に感動と共感を覚えるという。それは悲しみに耐え、ひたむきに生きる姿に自らの人生を重ねるからだろう。八百年の時を超えて、九郎判官義経が今も人々の心を打つ存在である理由もそこに求められるのかもしれない。

義経の悲しい宿命は出生から始まっていた。源氏の家系に生まれたとはいえ母は雑仕女《ぞうしめ》、父は乳飲み子の時に悲惨な最期を遂げている。鞍馬寺でひたすら念仏の世界に生きる運命と思いこんでいた義経は、自分の出自を知ったことで、新たな使命感をもつ。「平家討つべし」—。その時を境に義経のロマンに満ちた旅が始まるのである。

機略に富む若い武将として宿敵平家を倒し、名声をほしいままにしたものの、兄頼朝との間に確執を生み、老獪《ろうかい》な政治家後白河法皇に翻弄《ほんろう》され、義経の人生は次第に不幸な色彩を強めていく。

虚実を織り交ぜ、義経の活躍を伝える名場面は数多い。勧進帳、義経千本桜などの歌舞伎をはじめ、橋弁慶、船弁慶などの能楽、浮世絵、絵巻物、口承さらに唱歌などである。

また、遙か遠く中国大陸に渡って生きのびたと伝える北行伝説は、宿命を超克して生きた落魄《らくはく》の貴公子へ捧げる挽歌《ばんか》ともいえよう。さまざまな義経像が人々の心に生き続けているのだ。

源義経、わずか三十一年の生涯。短いが波乱に富んだ生の軌跡をたどる旅に、興趣は尽きない。

生い立ちの巻

背負わされた過酷な宿命

囚われ人 母常盤

牛若ら助命、六波羅に泣訴

平治《へいじ》元年（一一五九）の夏、幼名牛若丸、のちの源九郎義経《げんくろうよしつね》が元気な産声をあげた。父は源氏の棟梁《とうりょう》・源 義朝《みなもとのよしとも》。母は九条院《くじょういん》の雑仕女《ぞうしめ》で、千人の少女の中から選ばれて中宮《ちゅうぐう》・呈子《ていし》に仕え、美貌をうたわれた常盤《ときわ》。だが、三人目の男児を得て満ち足りた日々を送っていた常盤の運命は、突然、暗転する。その年の十二月、藤原信頼《ふじわらののぶより》に加担して挙兵した義朝が平 清盛《たいらのきよもり》の軍に敗れ、東国へ敗走してしまったのだ。

「都を逃れよう。子どもらを連れて身を隠しかない」と、常盤は心を決めた。義朝が尾張の豪族・長田忠致《おさだただむね》の裏切りにあって命を落とし、長子・悪源太義平《あくげんたよしひら》は六条河原で首打たれ、三男・頼《より》朝《とも》も六波羅《ろくはら》の手に落ちた―そんな噂《うわさ》が、常盤の耳にも届いている。義朝との間になした三人の男児も無事にすむはずはない。

夜陰にまぎれて常盤は、京の北郊・紫竹《しちく》にある家を出た。八歳の今若《いまわか》（全成）と六歳の乙若《おとわか》（義円）の手をひき、懐に牛若を抱いて。風は冷たく頬を打ち、雪さえも舞っている。ともかくも遠い縁戚《えんせき》がいる大和《やまと》の宇陀郡《うだのこおり》へ…と心せきながらも、

囚われ人　母常盤

吹雪のなか、都を逃れる常盤。懐には一歳に満たない牛若丸が…　「常盤御前」松斎吟光画＝神奈川県立歴史博物館蔵

常盤の足はいつしか通いなれた洛東の清水寺《きよみずでら》に向かっていた。本尊の十一面千手観音を深く信仰していた常盤の、そこは唯一の心のよりどころだったのだ。

音羽《おとわ》の滝水と深深《しんしん》と降る雪の音に包まれた清水寺境内・子安《こやす》観音の御堂に、観音経を誦《とな》える常盤の細い声が流れる。身の不運を怨《えん》じるのでなく、我が子のためにひたすら観音の加護を念じる声は玲瓏《れいろう》として、寺内の僧たちを粛然とさせた。見知りの師僧《しそう》の心づくしの粥《かゆ》に幼な子は生気を取り戻したが、清水寺は六波羅に近く、長くとどまれる所ではない。むずかる子らを促して、常盤は早《そう》暁《ぎょう》に寺を後にする。

「二月十日の曙《あけぼの》なれば、余寒《よかん》、猶《なお》尽せず、音羽川の流れも氷つつ、嶺《みね》の嵐もいとはげし。道のつらもとけぬが上に、又かきくもり雪ふれば、行くべき方もみえざりけり」―『平治《へいじ》物語』は母子の旅立ちの朝をこんな風に描いている。

雪吹雪に身を隠すように、母と子は大和《やまと》大路をひたすら南に向かう。今若、乙若の足ははれ、血がにじむ。しゃがみこんで「寒いよう、冷たいよう」と泣くのも無理はない。「どうしてわからないの。ここは敵の住むあたり、六波羅という所。泣けば人にも怪しまれ、義朝の子として捕らえられ首を切られるのですよ。命が惜しければ泣いてはいけません」―いたわりの言葉をか

牛若丸誕生の地とされる誕生井［右］と近くにあるへその緒を埋めた胞衣（えな）塚［左］＝京都市北区牛若町

常盤がわが子の加護を念じた子安観音　＝京都市東山区・清水寺境内

けてやりたい思いをこらえて二人を叱る常盤の声もまた、涙でくぐもっていた。

平家の六波羅第があった辺り　＝京都市東山区・六波羅蜜寺周辺

京の南、伏見の里に着いたのは、もう夕刻だった。冬の日は短く、たちまちに暮れてしまう。だが、借りるべき宿もない。途方にくれる二十三歳の若い母。「うかりける人の子共が母となりて、けふはかかる歎《なげ》きにあふ事よ」（『平治物語』）―初めて常盤に、義朝への恨みつらみの感情が芽生える。あまりの寂寥《せきりょう》と孤独に打ちのめされて。

夜もふけ、寒気は一段と厳しい。思いあぐねた末に常盤は、一軒のみすぼらしい家の竹の網戸を思い切って叩いてみた。現れた老婆はいぶかしげに仔細《しさい》を尋ねるが、真実のことなど言えるわけもない。口ごもりつつの作り話と袖を濡らす涙に、老婆は何かを察したのだろう。母子を家に招き入れ、焚《た》き火と馳走をふるまった。まさに地獄に仏。常盤は「ひとえに清水の観音の御あわれみ」と、ようやく心安らぐのだった。

大和国宇陀郡の龍門牧《りゅうもんのまき》に身を寄せた常盤に届いたのは、六十を超える母が六波羅に囚《とら》われ、常盤らの行方を厳しく問い質されているとの噂だった。「行方は知らぬ。知っていても言うものではない」―そんな母の言葉を伝えきき、常盤の心は

囚われ人　母常盤

千々に乱れた。私が我が子をいとおしむように、母もまた私を…と思い至って、常盤は母を助けたいと心の底から思う。だが、名乗り出ればわが子の命はない。子を取るか、母を取るか。激しい心の葛藤《かっとう》のすえに、常盤は六波羅に出頭する道を選んだ。息子たちは義朝の子に生まれた宿命を甘受《かんじゅ》せざるを得ないが、母になんの咎《とが》もないのだから―と。

平清盛が常盤を自ら詮議したのは、楊貴妃《ようきひ》や小《お》野《のの》小町《こまち》をもしのぐと評判の、宿敵である義朝が愛した美貌の女を見てみたいという好奇心のせいだろう。男の好き心と言ってもいい。そして清盛は、母の釈放を願い、幼い子に寄せる深い想いを泣訴《きゅうそ》する常盤の儚《はかな》げな姿に心を奪われた。三人の男児を仏門に入れるのを条件に赦《しゃ》免《めん》したのも、多分にそのせいである。

牛若丸の安産を祈願して常盤が安置した常盤地蔵　＝京都市北区・常徳寺

今若は醍醐寺《だいごじ》に、乙若は八条宮《はちじょうのみや》法親王に預けられ、乳飲み子の牛若だけがしばし、常盤の手元におくことを許された。その後、常盤は清盛との間に一女をもうけ、さらに清盛の計らいで大蔵卿藤原長成《ふじわらのながなり》の妻となり、牛若もやがて鞍馬寺に預けられる。

非情に徹することが出来なかったのが清盛の不覚だった。義母である池禅尼《いけのぜんに》の懇望を受け容れて助命した頼朝が、やがて平家追討の兵を挙げ、牛若が長じて壇《だん》ノ浦《うら》で平家の命脈を断つことになったのだから。

鞍馬山の牛若

平家討伐誓い剣術修行

京都の北郊にある鞍馬山《くらまやま》は、標高五六九メートル。さほど高い山ではないが、鬱蒼《うっそう》とした杉の巨木に覆われて深山《しんざん》の趣を残している。清少納言《せいしょうなごん》が『枕草子《まくらのそうし》』に「近くて遠きもの、鞍馬のつづら折り」と書いているように、かつては険しい山道だったのだろう。天狗《てんぐ》相手に武術の奥儀《おうぎ》を極め、平氏追討を誓ったという牛若丸伝説のふるさとだ。宝亀《ほうき》元年（七七〇）に鑑真《がんじん》和上《わじょう》の高弟・鑑《がん》禎《ちょう》上人が毘沙門天《びしゃもんてん》を安置したのが鞍馬寺の創建で、平安遷都《せんと》後は平安京の北方鎮護《ちんご》の寺として尊《そん》崇《すう》を集めた。

山の全域を修験《しゅげん》道場《どうじょう》とする鞍馬山に牛若丸が登ったのは七歳のとき。『義経記《ぎけいき》』に

鞍馬山の牛若

鞍馬山中で天狗相手に武芸に励む牛若丸「舎那王於鞍馬山学武術之図」月岡芳年画（西井正氣氏蔵）

よると、出家という清盛が出した助命の条件を守るため、母の常盤が牛若を鞍馬の別当・東光坊《とうこうぼう》阿闍梨《あじゃり》蓮忍《れんにん》に預けた。源義朝の師僧であった縁を頼っての依頼だった。

　牛若は素直で怜《れい》悧《り》な少年だった。終日、東光坊の前で経をよみ、書物を読み、夜も仏前の灯明のもとで読書にふける日々。空が白み始めるころまで学問に熱中している。師も感嘆するほどの精進であった。だが、そんな牛若の生活は、一人の男との出会いでがらりと変わってしまう。

牛若丸が貴船神社まで通った鬱蒼とした木の根道　＝京都市左京区・鞍馬山中

四条室町《しじょうむろまち》のお堂で修行し「四条の聖《ひじり》」と称していた正門房《しょうもんぼう》こと鎌田正近《かまたのまさちか》が、牛若に会うために東光坊を訪れた。正近は、義朝につかえた鎌田正清《まさきよ》の子。平家全盛の世を憾《うら》み、源氏一族の決起を促すのが目的である。「あなたは清《せい》和《わ》天皇十代の末、源義朝の御《み》子《こ》ですよ。今は平家の世となって源氏一門は国々に押し込められている。悔しいとは思いませんか」—正近の話で牛若は初めて自分の出自《しゅつじ》を知る。父義朝の無念の死を知る。伊豆に流されている兄頼朝のこと、母を同じくする二人の兄のことも。そして牛若の日常は一変した。

　平家討伐という夢が芽生え

たのだ。夢というより、源氏の嫡《ちゃく》流《りゅう》に生まれた者の使命感に近かったかもしれない。学問一途の日々から、木剣を振るい、早駆け足、飛び越えなど忍者まがいの武術訓練に没頭する。鞍馬寺本堂の裏山を越えて、貴《き》船《ぶね》神社に至る僧正《そうじょう》ガ谷《たに》が修練の場所となった。昼間でも薄暗く、夜間にはムササビが飛び交う。牛若は貴船明神をまつる無人のお堂に人目を避けて通い、周囲の草木を平家一族とみなして薙《な》ぎ倒し、大木にくくりつけた丸い玉を平清盛、重盛《しげもり》の首に見立てて切りつけた。天狗を相手に剣術訓練に励んだという伝説の誕生だ。

　ある夜、和泉という法師が牛若の

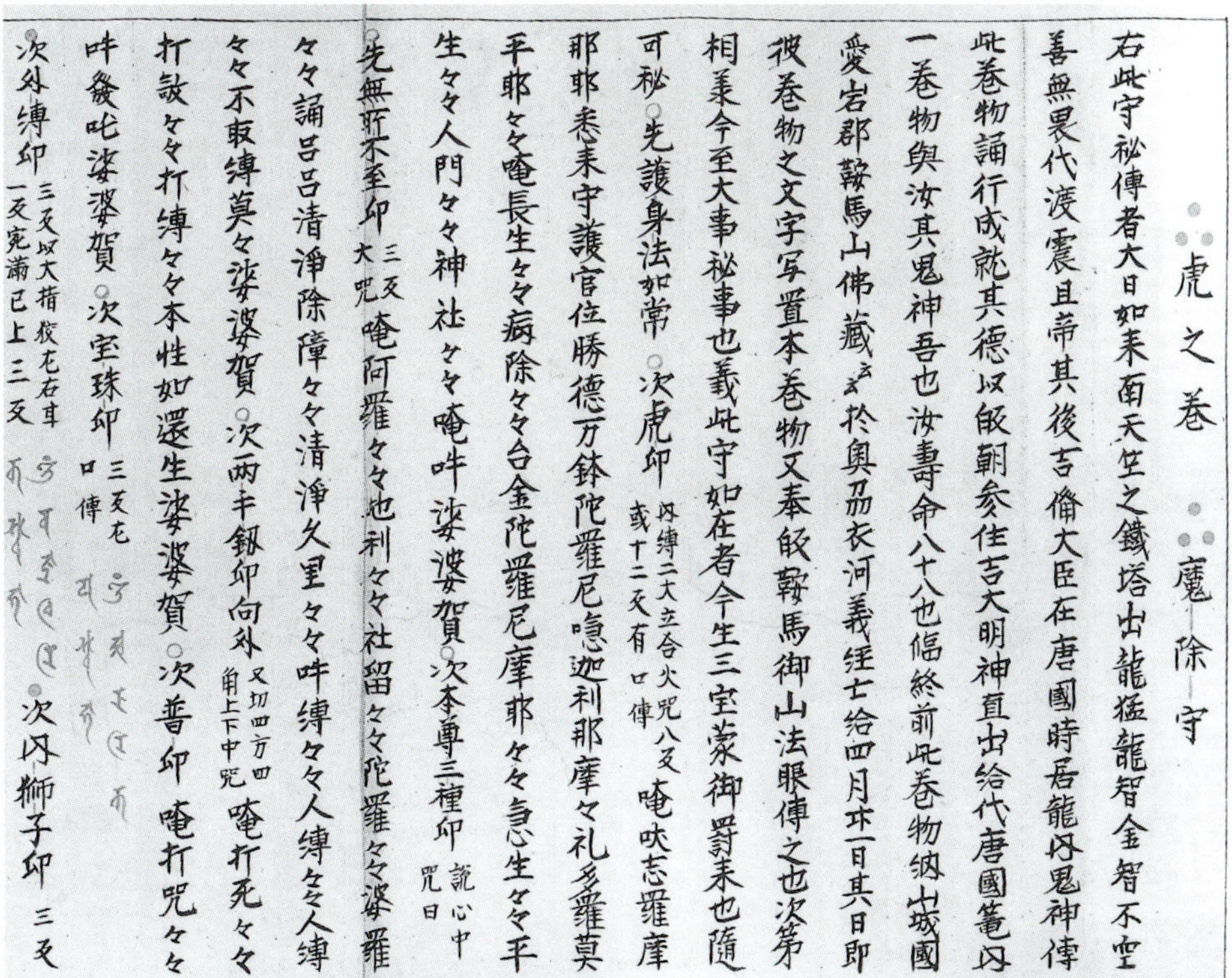
虎之巻　魔除守
右此守秘傳者大日如来南天竺之鐵塔出龍猛龍智金智不空
善無畏代渡震旦帝其後吉備大臣在唐國時居龍丹鬼神傳
此巻物誦行成就其德以皈朝参住吉大明神直出給代唐國篭丹
一巻物與汝其鬼神吾也汝壽命八十八也臨終前此巻物納山城國
愛宕郡鞍馬山佛藏於奥州衣河義経廿給四月廿一日其日即
彼巻物之文字写置本巻物又奉皈鞍馬御山法眼傳之也次第
相兼今至大事秘事也義此守如在者今生三宝蒙御罰来也随
可秘○先護身法如常○次虎印 丹縛二大立合火咒八反 或十二反有口傳 唵吠志羅摩
那耶悉来守護官位勝徳万鉢陀羅尼迦利那摩々礼多羅莫
平耶々々唵長生々々病除々々合金陀羅尼摩耶々々急心生々々平
生々々人門々々神社々々唵吽娑婆賀○次本尊三種印 説心中咒曰
先無所不至印 三反 大咒 唵阿羅々々池利々々社留々々陀羅々々婆羅
々々誦呂呂清浄除障々々清浄久里々々吽縛々々人縛々々人縛
々々不取縛莫々娑婆賀○次兩手釼印向外 又切四方四角上下中咒 唵打死々々
打設々々打縛々々本性如還生娑婆賀○次普印 唵打咒々々
吽發叱婆婆賀○次宝珠印 三反右 口傳
次外縛印 三反以大指彼左右耳 一反宛滿已上三反 次内獅子印 三反

鬼一法眼秘蔵の兵法指南書虎の巻「六韜」（江戸期の写本）　義経の天才的な戦法はこの兵法書から学んだといわれる　＝鞍馬寺蔵

義経は大杉権現に参り、僧正ガ谷で天狗と剣術の修行をした
＝京都市左京区・鞍馬山中

あとをつけて草むらの陰からその様子をうかがい、東光坊阿闍梨に報告した。「仏法を学んでいるとばかり思っていたのに剣術の稽古《けいこ》にうつつを抜かしていたとは…」と師は驚き、激怒する。六波羅にその仔《し》細《さい》が知れたならただでは済むまい。牛若の身の上ばかりでなく、自身もまた咎《とが》めを受けかねない。常盤の願いにも背くことになる。ただちに髪を剃って出家するよう命じたが、牛若は刀を構えて拒絶した。平家を倒すという大望を果たすために出家はできない―と。

かくて牛若は名前を遮那王《しゃなおう》と変えられ、覚日坊《かくにちぼう》の律師《りっし》の厳しい監視下に置かれることになる。もはや僧正ガ谷通いもままならない。逸《はや》る気持ちを抑えて牛若は毎日のように本堂に詣で、本尊の毘沙門天に平家討伐を念じて祈る。同時に、わが夢、わが定めに生きるためには、鞍馬を出奔《しゅっぽん》するしかないという思いを強めていった。

　東光坊は実在した鞍馬寺の坊舎である。江戸時代には十院九坊を誇ったが、明治維新の廃仏毀釈《はいぶつきしゃく》で、本山を除きすべて姿を消した。由岐《ゆき》神社近くに「東光坊跡」の説明板がある。日本史学の大家・黒板勝美博士（故人）は『義経伝』で「義経が頼朝と不和を生じ足跡をくらましたおり、東光坊阿闍梨が隠まった嫌疑をかけられた事実からみて、東光坊と義経が師弟関係にあったのは確か」と書いている。

義経が平家討伐を祈願した鞍馬寺の本尊毘沙門天三尊立像（国宝）　＝鞍馬寺蔵

鞍馬寺の仁王門。この門前で鞍馬の火祭りが行われる

鞍馬山霊宝殿から奥の院の道へ入って坂道を上りきったところに、牛若丸背くらべ石がある。高さ一・二メートルほどの立石で、牛若丸が奥州に旅立つ前に名残を惜しんで背比べをしたと伝わる。霊宝殿には義経が兵法者・鬼一法眼《きいちほうげん》から掠《かす》め取ったとされる兵法指南書虎の巻「六韜《りくとう》」の写本（江戸）が残されている。鬼一法眼は晴明《せいめい》神社で有名な一条堀川にすむ陰《おん》陽師《みょうじ》でもあり、義経に兵法を教えたとされ、鞍馬寺山内に小さな「鬼一法眼社」があり、鞍馬小学校横に「鬼一法眼之古跡」の石碑が立っている。

鞍馬寺といえば十月二十二日の鞍馬の火祭りが有名だ。明治以後は地元の氏神・由岐神社の祭礼となっている。狭い鞍馬街道を長さ三メートルも

「皆鶴姫《みなづるひめ》の観音像」
— 宮城県気仙沼市・観音寺伝 —

鬼一法眼の娘・皆鶴姫は、牛若丸のために武術書を盗んだことが見つかり、島流しにあって気仙沼に着くが長旅で衰弱していた。義経が平泉で夢を見て駆けつけた時には既に姫の息はなく、手元にあった観音像を寺に祀ったと伝えられる。

ある大松明《たいまつ》をかついで「サイレイ　サイリョウ」の掛け声とともに由岐神社に突進する豪快な火祭り。また五月満月の夜の五月満月《ウエサク》祭《さい》は、室町時代の中期に始まったといわれる密教の秘儀。六月二十日の竹伐《たけき》り会式《えしき》は、青竹を大蛇に見立て鞍馬法師が山刀で切り落とす豪快な祭事。九月十五日は義経祭が行われ、本殿金堂前で少年剣士の試合などが行われる。

鞍馬寺には義経奉納の兜《かぶと》、秀吉や家康の書状、国宝毘沙門天など多数の文化財、さらに地中から掘り出されたおびただしい経筒《きょうづつ》（すべて国宝指定）などがある。

鞍馬寺から奥の院を下るのも楽しい。京の奥座敷とされる貴船の里に至るが、そこには水を司《つかさど》る神として知られる貴船神社がある。

平泉で討たれた義経の魂が京に戻り、遮那王尊として祀られたという義経堂　＝京都市左京区・鞍馬寺山中

もう一人の主役・弁慶

義経との運命的な出会い

牛若丸といえば、武蔵坊弁慶《むさしぼうべんけい》を措《お》いては語れない。『義経記《ぎけいき》』にしても、形影相伴《けいえいしょうばん》にした主従の物語の感が強い。弁慶はまぎれもなく、義経伝説のもう一人の主人公なのだ。

牛若丸と弁慶の初めての出会いが「京の五条の橋の上」だったのは、史実はともかく、明治四十四年（一九一一）五月発表の文部省唱歌「牛若丸」で〈事実〉となっ

もう一人の主役・弁慶

千本の刀を奪い取るため弁慶が牛若丸と戦った五条大橋　「義経記五條橋之図」月岡芳年画（西井正氣氏蔵）

た。尋常《じんじょう》小学校一年用の唱歌だが、稚児姿の牛若丸が飛燕《ひえん》のように弁慶の薙刀《なぎなた》をかわして剛勇無双の弁慶をあしらう物語は、この歌で全国的に定着した。この唱歌以前には二人の出会いの場は清水寺境内とされてきたのだが。

弁慶の名は鎌倉幕府の史書『吾《あ》妻鏡《ずまかがみ》』に義経の郎党として記録されており、実在の人物とみて間違いない。だが、その出生には諸説ある。『義経記』は紀州熊野の別当《べっとう》弁しょうが二位大納言の姫君を奪って産ませた子とする。また、別当弁心の子、別当湛増《たんぞう》の子とする説もある。異説は多いが、熊野の生まれであることでは一致している。ちなみに熊野は本宮《ほんぐう》、新宮《しんぐう》、那智《なち》の三山からなる霊場で、天皇や上皇らもこぞって熊野参詣をした。別当とは熊野を支配統括する社僧のことだ。

弁慶は母の胎内にあること十八カ月。生まれたときすでに二、三歳に見え、髪は肩まで伸び、奥

弁慶のものと伝わる鉄の杖と鉄ゲタ
＝京都市東山区・清水寺境内

弁慶が引きずった跡が残る巨大な鐘
＝滋賀県大津市・三井寺

歯前歯もしっかり生え揃っていた。あまりの異相に父の別当は「さては鬼神《きじん》か。簀巻《すのこま》きにして川に投げ入れるか磔《はりつけ》にしてしまえ。いずれ仏法の仇《あだ》となるに違いない」とつれなく言い放ったという。母の必死の命乞いで生かされ、鬼若《おにわか》と名付けられた。六歳の時に京の北郊・比叡山延《ひえいざんえん》暦寺《りゃくじ》西塔《さいとう》の桜本の僧正に預けられる。桜本は古記録に名があるが、現在の比叡山

もう一人の主役・弁慶

弁慶が渡り廊下を担いだ伝説からとられた「弁慶のにない堂」 ＝大津市・比叡山延暦寺

には跡形もない。

鬼若は容貌こそ芳しくないが学問には熱心で、末頼もしい若者に成長する。だが、十八歳のころから怪力を頼みにした乱暴狼《ろう》藉《ぜき》が目立つようになり、比叡山の衆徒に恐れられ嫌われる。あげくは追われるように比叡山を離れた。頭を自分で剃《そ》り、かつて比叡山にいたという悪党僧武蔵坊の名を継承し、師と父の名前から勝手に一字をもらい受け、鬼若変じて武蔵坊弁慶が誕生する。

世を捨ててひたすら念仏する集団が住む、京都洛北の大原別所《おおはらべっしょ》と呼ばれる一画に、無人の庵《いおり》を見つけて住みついたが、僧形《そうぎょう》になっても乱暴な所業は改まらなかった。大原三千院《さんぜんいん》の往生極楽院《おうじょうごくらくいん》は大原別所の名残とされる。

義経との出会いまでにはまだ時間がかかる。大原を出て大坂、明石、四国などの寺

「弁慶画像」　＝岩手県平泉・中尊寺蔵

院を回って修行し、最後に訪れたのが姫路の書寫山圓教寺《しょしゃざんえんぎょうじ》。西の比叡山とも呼ばれる巨大な寺院で、西国観音霊場二十七番札所だ。ここでも弁慶は他の僧たちと軋轢《あつれき》をおこす。豪胆で知恵もある。修行にも努めた。けっして無軌道なのではない。だが、尊大な態度が反感を買ってしまうのだ。落ちつく先は喧嘩であり、あろうことか書寫山全山を一坊も残さず焼

もう一人の主役・弁慶

書写山圓教寺摩尼殿。弁慶の太刀千本取りは書写山大火の償いためのの釘代とも伝えられる　＝兵庫県姫路市・圓教寺

き払う大火まで起こしてしまった。

京に戻った弁慶は太刀千本奪い取りの願をかけ、夜な夜な市中を徘徊《はいかい》する。九百九十九本を奪って満願まであと一本。五条天神に祈って夜を待った弁慶の前を、稚児姿の若者が笛を吹きながら通りかかった。見れば薄化粧に眉を細くひき、髪を高く結いあげ、立派な黄金《こがね》つくりの太刀を佩《は》いている。謡曲「橋弁慶」では〽これは西塔《さいとう》の傍《かたわら》に住む武蔵坊弁慶にて候《そうろう》。我宿願《われしゅくがん》の子細《しさい》あって。五条の天神へ。丑刻詣《うしのときもうで》を仕《つかまつ》り候。今日満参にて候程に。只今参らばやと存じ候」と名乗りをあげる。ここでの牛若丸と弁慶の勝負は文部省唱歌が分かりやすい。

三番の歌詞に「前やうしろや右左、ここと思えば又あちら。燕《つばめ》のような早業《はやわざ》に鬼の弁慶謝った」とある。『義経記』は、この早業を兵法虎の巻「六韜《りくとう》」を読んで覚えた飛び越えの術と記している。太刀をあきらめられない弁慶は、清水寺本堂前で再び牛若丸に挑むが、またも敗れ、源氏の御《おん》曹司《ぞうし》という正体を知って臣従の誓いをするのだ。

弁慶が千本取りを祈願した五条天神は、西洞院通松原下ルにあり、厄除けの神として知られる。正月の宝船のお札は縁起物。清水寺は改めて言うまでもない有名な観音霊場だ。

五条大橋西詰めには、四十年余り前に建てられた牛若丸と弁慶の石像がある。もっとも、牛若丸

五条天神。牛若丸と弁慶の最初の出会いの場とされる　＝京都市下京区

の時代には五条鴨川に橋はなく、清水寺への参詣道だった松原通に架けられていた。豊臣秀吉が大仏殿建立のため現在の位置に付け替えたという。

弁慶についてては物語作者の創作が多く、その真偽は分からない。太刀千本取りも、平家打倒を目指す牛若丸の所業とする説もある。鎌倉末期から室町にかけて坂東《ばんどう》で成立した『源平闘《げんぺいとう》諍録《じょうろく》』では、弁慶の名は鵯《ひよどり》越《ご》えの逆落《さかお》としまで登場しない。だが、大衆的な人気は高く「弁慶の七つ道具」「内弁慶」「弁慶の立ち往生」「弁慶の泣き所」など諺《ことわざ》にも多く登場する。そのキャラクターが琴線を揺さぶるのか。歌舞伎「勧進帳《かんじんちょう》」では弁慶が主役だ。義経と最期をともにした弁慶には「判官《ほうがん》びいき」の裏返しの男の美学がある。

「弁慶が投げたという巨石」
― 京都市中京区弁慶石町 ―

弁慶が五条大橋から投げたといわれる弁慶石。弁慶の死後に平泉の高館に移されたが、ある日突然、石が「三条京極にゆかむ」と、うなった。その後、村では熱病が蔓延したために人々が恐れ、元のこの地に戻されたという。

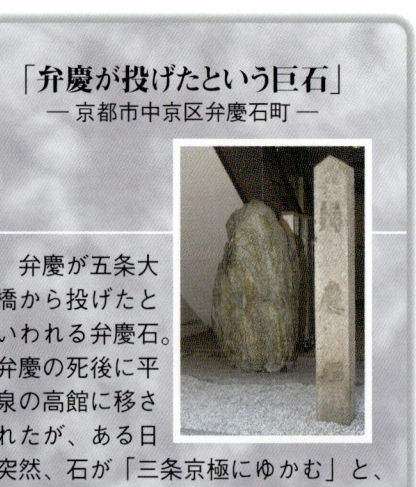

出立の巻

ついに源氏再興の時が来た

謎の平泉下向

頼朝挙兵に心逸る義経

源氏の再興を―と思い定めた遮那王《しゃなおう》は密かに鞍馬山を出奔《しゅっぽん》し、金売り商人吉次《きちじ》に伴われて奥州平泉《ひらいずみ》に向かった。「承安《じょうあん》四年（一一七四）三月三日暁天《ぎょうてん》、時に十六歳」と『尊卑文脈《そんぴぶんみゃく》』にある。旅のさなか、たった一人で元服の儀式を行い、源九郎義経を名乗った客気《かっき》の少年が、遠い奥州に赴いたのは何故だろう。

平氏打倒への助力を辺境の雄・藤原秀衡《ひでひら》に期待してのことだったのか。六波羅の追捕を避ける方便だったのか。あるいは、陸奥守《むつのかみ》として赴任したままその地にとどまり、娘を秀衡に嫁がせた藤原基成《もとなり》を頼ったのか。基成は義父・藤原長成の縁戚であり、もしそうなら義経の奥州下りには常盤の意向が働いていたことになる。

迎え入れた秀衡の心底も定か

義経が奥州へ下る道中、前髪を落として侍姿を水に映したという元服池　＝滋賀県竜王町

金売吉次の屋敷跡ともいわれ、義経は奥州へ向かう道中の安全を祈願した
＝京都市上京区・首途（かどで）八幡宮

でない。源氏の嫡流《ちゃくりゅう》を擁して天下に号令する野望があったのか。夷狄《いてき》と都人《みやこびと》から蔑《さげす》まれる血筋ゆえの、貴種への憧れのせいなのか。そもそも義経を伴うことを秀衡が吉次に命じたのか、秀衡の気持ちを吉次が勝手に忖度《そんたく》したのか。すべては謎であり、いずれの解も推測の域をでない。

『義経記』には、義経の到着を知った秀衡が風邪で伏せっていたにも関わらず「嬉しいことだ」と起き上がって居ずまいをただし、烏帽子《えぼし》と直垂《ひたたれ》を身につけ、息子の泰衡《やすひら》に出迎えさせた

藤原基衡が京の文化を取り入れた極楽浄土の世界。その規模は中尊寺をしのぐともいわれた＝岩手県平泉・毛越寺浄土庭園

とある。一方、古活字本『平治《へいじ》物語』には「もてなしかしづき奉らば、平家にきこえて責あるべし」と困惑する秀衡が描かれている。

確かなのは、秀衡が義経の器量を認め、信頼と愛情を注ぐようになったことだ。父を知らず、そのぬくもりを知らぬ義経も、この老人を父とも慕うようになっていく。

司馬遼太郎は小説『義経』で、義経と秀衡の心の触れあいをこんな風に描く。浄土を写したとされる毛越寺《もうつうじ》の庭を歩く二人。「九郎は、歩きつつおもった。偕《とも》に歩いている秀衡がなにを語り、どうふるまっているかということではなかった。秀衡のしわぶき、息づかい、ゆるゆるとした歩きかた、それらがすべて九郎を包み、九郎は何を語ることもなく、秀衡という老人の優しさを感ずることができた」―。

秀衡の大きい懐に抱かれて、義経は平泉でほぼ六年の歳月を過ごした。おそらく、年齢の近い泰《やす》衡《ひら》らと一緒に原野で馬を駆《か》り、西行法師《さいぎょうほうし》が「き、もせず　束稲《たばしね》やまのさくら花　よし野のほかに　か、るべしとは」と嘆賞した束稲山のあでやかな桜を愛で、悠々とした北上川《きたかみがわ》の流れに遊んだに違いない。

奥州藤原氏の繁栄は、前九年《ぜんくねん》の役《えき》、後三年《ごさんねん》の役を経て生き残った清衡《きよひら》が、俘囚《ふしゅう》の上頭《じょうとう》として奥

芭蕉句碑　＝岩手県平泉・毛越寺

州の支配を委ねられたのに始まる。清衡は夷狄として中央から蔑《さげす》まれ、それゆえにかえって都に憧れ、仏教に深く帰依《きえ》し、京風の文化の摂取に努めた。豊かに産出する砂金が「全奥羽を仏国土に」という清衡の夢を支えた。

毛越寺本堂

朝廷や摂関《せっかん》家《け》に金《きん》や駿馬《しゅんめ》を贈り、都の文物《ぶんぶつ》を取り寄せ、都の仏師を招いて…。その事業は基《もと》衡《ひら》、秀衡へと引き継がれ、都をもしのぐ荘厳華麗な文化の花を開か

せた。それが、義経が足を踏み入れた平泉である。

義経も、清衡が建立した中尊寺に詣でたに違いない。鬱蒼《うっそう》とした杉並木の続く月見坂《つきみざか》を上って、黄金色《こがねいろ》に輝く金色堂《こんじきどう》に至り、その華麗さに驚嘆しただろう。のちに芭蕉が「光堂《ひかりどう》」と詠んだ、高さ約八メートル幅約五メートルの金色の阿弥陀堂。堂内の壁にも金箔《きんぱく》が張りめぐらされ、中央に安置された阿弥陀三尊もその光背《こうはい》も眩《まばゆ》いばかりの金色である。鎌倉幕府が風雪から守るため覆蔵《おおいぞう》を設けるまでは、北上川のそばにある藤原氏の政庁・柳之御所《やなぎのごしょ》からも望見できた。基成の屋敷に居住していた義経が、朝な夕なに金色の御堂《みどう》を仰ぎ見ていたと想像してもおかしくはあるまい。

基衡によって本格的に建立された毛越

芭蕉が「五月雨の　降りのこしてや　光堂」と詠んだ金色堂（国宝）。荘厳さがあたりを包む＝岩手県平泉・中尊寺

寺は、堂塔四十余宇、禅坊五百余宇とされる広大さを誇った。義経が育った山深い鞍馬寺とは全く趣を異にし、さんさんと陽光がふりそそぎ、静謐《せいひつ》にして晴朗な寺院だ。

「藤原三代画像」清衡［上］、基衡［右下］、秀衡［左下］＝岩手県平泉・白王院蔵

『吾妻鏡』は「霊場の荘厳はわが朝無双《ちょうむそう》」と、当時の毛越寺の評判を記録に残している。義経も、ときには浄土庭園をそぞろ歩き、ときには泰衡らと大泉ガ池に龍頭鷁首《りょうとうげきす》の船を浮かべて弦歌《げんか》を楽しみ、無聊《ぶりょう》をいやしたことだろう。毛越寺のすぐ傍らには、基衡の妻が建立した観自在王院《かんじざいおういん》もあった。東西百二十メートル、南北二百四十メートルの方形の寺域に舞鶴ガ池が穿《うが》たれ、平安庭園の粋を極めていた。

秀衡が造営した無量光院《むりょうこういん》も、その規模の壮大さと優美さにおいて引けを取らない。『吾妻鏡』によると新御堂と号され、院内の趣も建物の向きも地形までも、宇治の平等院を模している。平泉の猫間《ねこま》ガ淵《ぶち》を京の宇治川に、東稲山を宇治の朝日山に見立てて借景とした。都育ちとは

金色に輝く重文の本尊阿弥陀如来と脇仏の観音菩薩と勢至菩薩。須弥壇内部には藤原三代の遺体が安置されている　＝岩手県平泉・中尊寺

中尊寺への参道・月見坂

いえ、鞍馬寺の稚児だった義経は、平等院など知るよしもない。この平泉で初めて、京の都の雅《みやび》を知ったと言っていいだろう。

治承《じしょう》四年（一一八〇）八月、伊豆の頼朝が挙兵する。義経は「兄が兵をあげ、平家を討とうと京へ上りました。追い着いて、一方の将軍として働かねばなりま

中尊寺本堂

せん」と秀衡に告げて暇乞《いとまご》いをした。『義経記』によると、秀衡はその志をほめ、とりあえず三百騎を贈って義経を送り出したとある。一方、史書として信頼性の高い『吾妻鏡』は、秀衡が止めるのもきかずに、義経が頼朝の軍陣に駆けつけようとしたため、佐藤継《つぐ》信《のぶ》・忠信《ただのぶ》の兄弟に付き従うよう命じて後を追わせたと記している。

ついに待ち望んだ時がきた。一刻も早く鎌倉へ――と心せき、義経は馬を飛ばす。平和な青年期を過ごした平泉から、もはや心は遠く離れている。第二の故郷というべきこの地を、しかも落魄《らくはく》の身となって再び訪れる日がくるとは、心逸《はや》る若者は思いもしなかった。

「吉次の屋敷跡」
― 宮城県金成町東館 ―

金田八幡社の西館・南館・東館のうち、東館は金売吉次の屋敷跡といわれ、鞍馬寺で出会った牛若丸を秀衡の元へ案内する際に泊めたといわれている。義経は金田八幡社に詣で宝物等も拝観し、平家追討を祈願したという。

平家にあらずんば…
富と権力を一手に担う

平清盛が権勢を誇った当時、まさに平家一門は飛ぶ鳥をも落とす勢いだった。

「平家にあらずんば　人にあらず」（平時忠《たいらのときただ》）

「平家物語」にみるあまりにも有名なこの言葉。史上空前の一時期を画した、一門の奢《おご》りと高ぶりに象徴される絶頂期を、この一言がみごとにいい当てていよう。

と同時に宿敵・源氏に追われ、西海の藻屑《もくず》と消えた平家は、短い間に栄華と没落を味わった希有《けう》な武門として、八百余年を経た現在もその盛衰、仏教的無常観で多くの日本人の共感を呼び、語り

法体の平清盛座像（重文）＝京都市東山区・六波羅蜜寺蔵

平家にあらずんば…

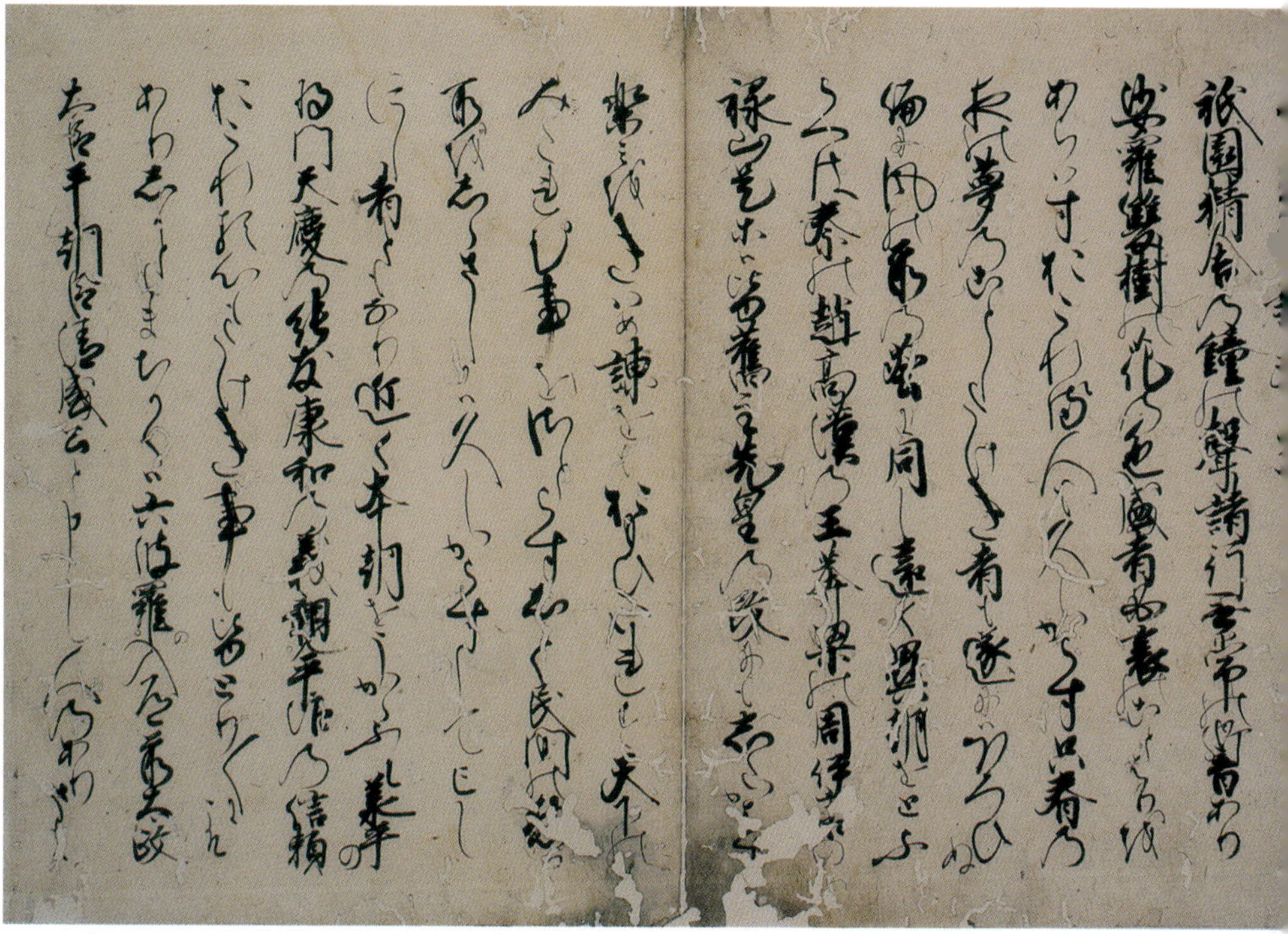

「祇園精舎の鐘の声…」で始まる「平家物語」覚一本　＝龍谷大学大宮図書館蔵

継がれる。

一門の繁栄がいかにすごかったか。「平家物語」（巻一）はこう記す。

「日本秋津島《あきつしま》は、わずかに六十六カ国、平家知行の国三十余ヵ国、すでに半国にこえたり。そのほか荘園田畠《でんばく》、いくらという数を知《し》らず。綺羅《きら》充満して、堂上《どうじょう》花の如し。軒《けん》騎《き》群集《くんじゅ》して、門前市をなす。楊州《ようしゅう》の金《こがね》、荊《けい》州《しゅう》の珠《たま》、呉郡《ごきん》の綾《あや》、蜀江《しょくこう》の錦《にしき》、七珍万宝《しっちんまんぼう》、一《ひとつ》として欠けたる事なし」中国の名産を手に入れているくだりに驚かされる。平家を支えたのは、むろんこうしたスケールの大きい財政基盤だけではない。政治上でも一門は公卿《くぎょう》（三位《さんみ》以下）十六人、殿上人《てんじょうびと》三十余人、諸国の受領《ずりょう》・諸司《しょし》六十余人を抱えた。まさに時忠が豪語したとおりに、富と権力を一手に担っていたのである。実際にこれほど繁栄した一族はかつてなかったとされる。

　当然のことだが、このような全盛は一朝一夕でなったものではない。棟梁《とうりょう》たる清盛を取り巻く環境、政治力、資質、運などによるところが大きかったといえよう。

　清盛（一一一八―八一年）は、白河《しらかわ》上皇、鳥羽《とば》上皇に寵愛《ちょうあい》され、武士として異例の昇殿を果たした父・忠盛《ただもり》の子として育てられた。実父は白河上皇といわれる。上皇が祇園女御《ぎおんにょうご》の妹に生ませた子が、清盛というわけである。長じて貴族が武士の力を借りて争った「保元《ほうげん》の乱」と、後に源平合戦の端緒になる「平治の乱」（一一五九―六〇年）を勝ち残り、名実ともに武家政治の足場を固めていった。

　清盛のベールに隠

清盛の寵愛をうけた祇王・祇女の姉妹が出家して草庵をむすんだ祇王寺＝京都市右京区嵯峨野

された出生から、朝廷側からも一目置かれ、出世もトントン拍子だった。永暦《えいりゃく》元年（一一六〇）、武家で初めての公卿、二年の後に従二位《じゅうにい》、そして内大臣《ないだいじん》を経て、仁安《にんなん》二年（一一六七）に太政大《だじょうだい》臣《じん》にまで上り詰める。このとき清盛五十歳。才腕がもっとも充実した時期であった。

　人間、権力を手中にすると傍若無人《ぼうじゃくぶじん》の振る舞いも目立ってくる。清盛とて例外ではなかった。さらに身内を天皇家、朝廷内に送り込むなど人事にも辣腕《らつわん》を発揮する。中でも娘・徳子《とくこ》を高倉《たかくら》天皇に嫁がせ、言仁《ときひと》親王（安徳《あんとく》天皇）を即位させる。高倉天皇に譲位を迫り、実質的に清盛独裁の人事を強行すらしているのだった。そのころ平家一門の拠点は、鴨川の東、六波羅にあった。頂点を極めた清盛は、また都の取り締まりも厳しくし、親衛隊まで置いたといわれる。

　しかし、自身は今の京都市下京区の梅小路公園辺り、大宮通と八条通の角から西に広がる「西八条殿」に居住することが多かった。この邸宅も栄華を誇る贅《ぜい》を尽くしたものであったらしい。広さが六町（約二万六千坪）。「珠《たま》をみがき、金銀を散りばめた」五十余りの建物が軒を連ねる（「平家物語」）豪華なものだった。

　邸内西に清盛が信仰した熊野権現《ごんげん》の分霊を祀《まつ》ったのが始まりと伝える若一《にゃくいち》神社がある。神社の宮司は「西八条殿が交通の要衝にあり、人の動き

鹿ケ谷事件の首謀者、僧俊寛の山荘跡の碑
＝京都市左京区鹿ヶ谷

や政情を把握しやすかったのでは」と清盛の胸の内を推測する。機に敏だった清盛の性格の一端がうかがえよう。

栄華は盤石に見えた。しかし「盛者必衰《しょうじゃひっすい》の理《ことわり》をあらわす」で、それは長続きはしなかった。京中では火災、飢饉《ききん》、地震など天変地異も相次ぎ、あまつさえ、それまで良好な関係を保ってきた後白河法皇らとの間も軋《きし》み始めた。一方で法皇も関与する僧・俊寛《しゅんかん》らの鹿《し》ケ谷《たに》の陰謀（一一七七年）が発覚するなど反平家の動きも活発化していた。

そのうねりに乗じて治承《じしょう》四年（一一八〇）四月、打倒平家を旗印に源頼政《よりまさ》が以仁王《もちひとおう》を奉じて挙兵。頼政、以仁王こそ平家の前に敗死するが、志は源頼朝、木曾義仲ら全国の源氏一族に受け継がれ、各地で源平の戦いが本格化していった。

むろん、こうした反平家の動きに清盛も手をこまねいていたわけではない。以仁王が挙兵する前年には後白河法皇の側近、関白・藤原基房《もとふさ》らを解任、法皇の幽閉と手を打ち、翌年の治承四年（一一八〇）六月には、法皇に高倉上皇を伴い都を京から一時的に、海沿いで中国との貿易にも地の利を得た福原《ふくはら》（摂津国）に移す方策もとったが、流れを押しとどめることはできなかった。

再び京都に引き返すも、すでに六十歳を超え

「平家納経」（国宝）見返しの彩色も美しい厳王品の一部。清盛願文を含む全三十三巻が一門の繁栄を祈願して奉納された　＝広島県宮島・厳島神社蔵　〈写真提供　便利堂〉

た清盛には、各地で燃え上がる源氏を中心とした反平家の戦いにあがなう気力も体力も消え失せていた。

　東国の宿敵・頼朝討伐には孫の維盛《これもり》に五万の兵をつけ、送り出したが、治承四年（一一八〇）十月、駿河《するが》の富士川で平家軍は水鳥の羽音を源氏の夜襲と間違え、敗走するという信じられない失態などが耳に届く。

　「いったいわが一門はどうしてしまったのか」。各地からの敗報を聞くにつけ清盛は耳を疑ったに

厳島神社社殿と海中に立つ大鳥居＝広島県宮島〈写真提供　便利堂〉

ちがいない。そして西八条の邸宅で熱病に浮かされ、治承五年（一一八一）閏《うるう》二月に、六十四歳の波瀾《はらん》に富んだ生涯を終えた。

主の清盛を失った平家一門は、その後、本拠地の六波羅一帯や邸宅の西八条殿をことごとく焼き払って西に下る。途中、備前水島《びぜんみずしま》で追尾したきた木曽義仲軍に勝利するものの、続く頼朝の代官義経に一一八四年一《いち》ノ谷《たに》、八五年の屋島《やしま》の合戦で相次いで敗れ、最後に挑んだ壇《だん》ノ浦《うら》で、一族もろとも海の藻屑《もくず》と消え去ったのである。

平家一門の没落は貴族を中心に回ってきた平安京の終焉《しゅうえん》を意味し、同時に源平合戦で勝利した源氏の棟梁・源頼朝は、史上初の武家政権・鎌倉幕府を開き「愚管抄《ぐかんしょう》」のいう本格的なムサ（武者）の時代に入っていくのである。

「静と義経の出会い」

— 京都市中京区・神泉苑 —

都で有名になった白拍子・静が母の磯の禅尼と雨乞いの舞を奉納していた直後に大雨が降り、後白河法皇から「日本一」と褒められた。戦勝をあげた義経と静の出会いは神泉苑の池のほとりだったといわれる。

決別はらむ 兄弟対面

居並ぶ武将が貰い泣き

治承《じしょう》四年（一一八〇）八月十七日、伊豆・韮山《にらやま》の蛭《ひる》ケ小島《こじま》に流されていた源頼朝が、以仁王《もちひとおう》の令《れい》旨《し》に応え挙兵した。その日は三嶋《みしま》神社で厳かに神事が行われており、伊豆の平家の目代《もくだい》・山木兼隆《かねたか》の館は警備が手薄になっていた。郎従らの多くが参詣に出払っていたからだ。頼朝軍はその隙《すき》を突いた。

平家の専横を憎み、その打倒を目論《もくろ》む動きがそこここにあった。代表的なのが、鹿《しし》ケ谷《たに》の謀議である。首謀者の以仁王や源頼政《よりまさ》は思いを果たせず敗死し、僧俊寛《しゅんかん》は鬼界《きかい》ガ島（九州の南方）に流された。しかし、以仁王の令旨は義朝《よしとも》の弟である新宮《しんぐう》行家《ゆきいえ》らによって各地に雌伏《しふく》していた源氏一門に届けられ、平氏討つべしという動きは燎原《りょうげん》の

頼朝と政子が住んだという成福寺より富士を望む
＝静岡県韮山町

火のように広がっていく。それは、平氏の予測をはるかに上回った。頼朝に続いて九月には、従兄《いと》弟《こ》にあたる木曾義仲《きそよしなか》が挙兵する。大きい時代のうねりを予感させる季節―。

義経が平泉《ひらいずみ》から馳せ参じ、頼朝が陣取る黄瀬《きせ》川《がわ》の宿に着いたのは、同年十月二十一日のことである。前日に富士川の戦いで平家軍を敗走させ、源氏の兵士らが勝利の美酒に酔いしれているときだった。

『吾妻鏡』によれば、弱冠一人が鎌倉殿に拝謁《はいえつ》したいと訪れる。土肥実平《どひさねひら》ら幕僚は突然の訪問者を怪しむが、話を聞きつけた頼朝が「年齢の程からして奥州の九郎ではないか」と目通りを許す。現れたのは、果たして義経だった。頼朝が「泣いて其志に感ぜしめ給ふ」と『吾妻鏡』は書く。

清水町教委の『清水町むかしばなし』は対面の様子をこんな風に描いている。義経はもちろん頼

決別はらむ　兄弟対面

「黄瀬川陣」安田靫彦画　義経［左］と頼朝［右］の兄弟が初めて対面した
＝東京国立近代美術館蔵

朝も懐かしさがこみあげ、互いに顔を見合わせるだけで、最初は言葉もでない。しばらくして落ち着くと、頼朝が口を切った。

「この頼朝が旗揚げと聞いて、遠くより駆けつけてきたのか」

「伊豆には兄君がおられると聞かされ、長い間、伊豆の空を慕わしく思っておりました」

「よくぞきてくれた。訪ねてくれた」と頼朝は何度も繰り返し、居並ぶ武将たちは二人の対面に思わず貰い泣きして見守ったという。思えばこれが、頼朝が弟・義経に見せた生涯ただ一度といっていい人間味あふれる姿だった。

清水町八幡区の南西端、黄瀬川方面から見て一段高くなったところに八幡神社がある。創建は不明だが、頼朝が富士川の合戦時に陣を張り、源氏の守護神を勧請《かんじょう》したのが始まりとの説がある。境内には義経・頼朝が座したと伝える「対面石」が残されていた。幅五十センチと三十センチくらいの変哲もない石が一・五メートルほどの間を置いて立っているのだ。感激の涙にくれた兄弟の思いをふと偲《しの》んでみたくなる。

義経はその後、鎌倉に居座った頼朝の手足となって戦場を駆け抜ける。寿永《じゅえい》二年（一一八三）閏《うるう》十月ころまでは鎌倉で暮らしたともいわれるが、義経の動静は戦場を除いてはつまびらかでない。ただ、兄弟対立の芽は治承《じしょう》五年（一一八一）ごろから兆《きざ》していたと『吾妻鏡』や関白九条兼実《くじょうかねざね》の日記『玉葉《ぎょくよう》』は伝えている。

頼朝配流の地・蛭ケ小島の碑
＝静岡県韮山町

鶴岡若宮宝殿の上棟式で頼朝は、大工にほうびとして与える馬を引く役目を義経に命じた

り、遠見《とおみ》に派遣する武将名の序列で義経の地位を軽くしたりと、いやがらせとも思える仕打ちを繰り返していたという。「何故にここまで弟をおとしめるのか」―ひたすら兄を慕う義経には分からない。「鎌倉殿《かまくらどの》」の立場を絶対視する頼朝の心が不思議でならない。

頼朝は久安《きゅうあん》三年（一一四七）に熱田神宮《あつたじんぐう》神官・藤原季範《すえのり》の娘を母として生まれた。父・義朝は頼朝を京に置かず、当時の武士社会の例にならい、相模《さがみ》や武蔵《むさし》、下野《しもつけ》からの乳母をつけて育てた。一方で京風の

義経と頼朝が対面した石。そのとき頼朝が渋柿の種を捨てた所に二本の柿の木がはえたという　＝静岡県清水町・八幡神社

平家物語絵巻「富士川の事」水鳥の羽音に驚いてわれ先にと逃げ惑う平家　＝林原美術館蔵

義経の首を里人が弔った首塚　＝神奈川県藤沢市藤沢

教養を身につけさせた。「正嫡《しょうちゃく》の頼朝に跡を継がせる」思いだったのだろう。もとより頼朝にも嫡流《ちゃくりゅう》としての誇りが強い。

とはいえ、流人《るにん》として青年期を過ごした頼朝に、股肱《ここう》の郎党はいない。妻政子《まさこ》の父・北条時政《ときまさ》の庇護を頼りに生きてきた。挙兵に駆けつけた坂東武者《ばんどうむしゃ》たちも、所領安堵《しょりょうあんど》が目的で、必ずしも頼朝に心服しているわけではない。源氏の棟梁という立場だけが頼朝を支えているのだ。だから、義経のような直情はときに疎《うと》ましい。情に溺《おぼ》れず、理を通し、秩序を守ることで棟梁の本分を果たそうとする頼朝と、肉親の情に甘えたがる義経は、いわば水と油である。相容れるわけがない。

藤原秀衡《ひでひら》の存在も二人の間に微妙な影を落としている。養和《ようわ》元年（一一八一）八月、秀衡に頼朝追討の宣《せん》下《げ》が出される。頼朝も心穏やかではい

鎌倉と京を結ぶ交通の要衝だった黄瀬川　＝静岡県清水町

られない。秀衡とかかわりの深い義経に、猜疑《さいぎ》の目を向けたとしても不思議ではないのだ。翌二年、

頼朝は秀衡を調伏することを目的に江ノ島に詣でている。主だった武将は揃って供をしたが、義経は一行に加えられなかった。二人の相克《そうこく》はそのあたりにも発していたのだろう。

源頼朝像（国宝）　＝京都市右京区高雄・神護寺蔵

頼朝と一族にかかわる史跡が点在する鎌倉から少し離れた藤沢市の小田急藤沢本町駅前に白旗《しらはた》神社がある。義経を祭神とし、その霊を弔う。文治《ぶんじ》五年（一一八九）に平泉《ひらいずみ》で自害した義経の首をこの地に埋めたと伝える。神社から五分ほど南に

歩いた国道沿いには義経の「首洗井《くびあらい》」と「首塚」がある。河原に捨てられたままになっていた首を里人が丁重に扱い、洗い清め、葬ったのだという。

黄瀬川の宿での劇的な対面から義経の死まで九年。黄瀬川は源氏にとって鎌倉と京を結ぶ交通の要衝で、頼朝はここを重視していた。また「黄瀬川宿は出会いと別れの場」というイメージが古くから旅人に共有されてきたという。その伝にならえば、義経が頼朝と対面したとき、すでに兄弟の運命的な、悲劇的な決別は用意されていたと言えるのかも知れない。

義経の霊を祀る白旗神社　＝神奈川県藤沢市藤沢

「義経の首洗井」

— 神奈川県藤沢市藤沢・白旗神社伝 —

腰越で首実検をされた義経の首は河原に流されたが、不思議なことに金色の亀がすくいあげ、背に乗せて藤沢宿の河辺に運び込んだ。里人は大いに驚き、その首をこの井戸で洗って丁重に弔ったと伝えられている。

合戦の巻

義経絶頂、宿敵平家を絶つ

初陣は宇治川の戦い

機略とスピードの攻撃

「続け。急流、なにするものぞ。馬なき勇者は橋上から弓矢で敵陣を攻めよ」―。

手綱《たづな》を引いた義経が水しぶきをあげ、怒涛《どとう》渦巻く宇治川を渡り始めた。その下《げ》知《ち》に応じて義経軍の一千騎が、源義広《よしひろ》が率いる対岸の木曾義仲軍を目指して突進する。先陣を争うのは、勇者の誉れ高い二人の若武者。

初陣は宇治川の戦い

頼朝が義経につけた参謀・梶原景時《かげとき》の子景季《かげすえ》と、近江源氏佐々木秀義の子高綱《たかつな》である。

「おぬし、馬の手綱がゆるんでいるぞ」と高綱に声かけられた景季が、一瞬手綱を締める隙を突いて、高綱が先陣争いを制した。そのあとを雪崩を打つように騎馬武者たちが続いていく。寿永《じゅえい》三年（一一八四）正月二十日、世にいう宇治川先陣争いの名場面だ。宇治川中州の塔《とう》の島《しま》に、その先陣争いの碑がある。

宇治川の合戦は義経の初陣《ういじん》である。頼朝の代官として尾張・伊勢あたりに一カ月近く待機していた義経は、近江の瀬田から攻め込んだ蒲冠者範《がまのかんじゃのり》頼《より》の本隊に呼応し、宇治川南岸から対岸に布陣する義広軍に殺到した。水かさを増した川底に杭を打ち込み、大綱を張って要塞《ようさい》とした義広軍の工夫をあざ笑うように義経の軍勢は一気に攻め込み、

平家物語絵巻「宇治川の事」急流の中を梶原景季と佐々木高綱が先駆けの名誉を担おうと先陣争いをする場面　＝林原美術館蔵

浮き足だった義仲軍は三々五々に敗退していった。義経の機略とスピード溢《あふ》れる攻撃スタイルは、この初陣でも遺憾なく発揮されたといえよう。

義経軍と義仲軍の合戦の場となった宇治川　＝京都府宇治市

だが、肉親の情にあれだけこだわった義経の初陣が、叔父義広と戦い、従兄弟《いとこ》である義仲の死命を制した合戦だった—とはなんという皮肉だろう。思えば、源氏の歴史は血族相食《あいは》む歴史である。保元《ほうげん》の乱では義朝《よしとも》は父為義《ためよし》と敵味方に分かれ、戦いの後に為義は斬首《ざんしゅ》に処された。平治《へいじ》の乱でも義朝の長子・義平《よしひら》が源頼政《よりまさ》の陣を急襲した。義仲の父義《よし》賢《かた》もまた義平に討たれている。いままた頼朝が、源氏の嫡流《ちゃくりゅう》として義仲追討の兵を挙げた。清盛のもとで一族相和した平氏とは、あまりにも異なる相克の家系である。義経の悲劇は、源家の歴史のなかに胚胎《はいたい》していたのか。

初陣は宇治川の戦い

木曽で義仲が挙兵したのは、治承《じしょう》四年（一一八〇）九月、頼朝の挙兵に遅れることほぼ一カ月である。だが、その後は北陸を中心に平家軍と戦い、その勢いは頼朝軍を上回っていた。転戦の途中で「異心あり」と頼朝に疑われ、嫡男義高《ちゃくなんよしたか》を人質として鎌倉に送っているが、義仲に頼朝への叛心《はんしん》はなかったろう。だが、われこそ嫡流、義仲は傍流に過ぎない—とする頼朝の強い自負は、義仲の活躍を快しとしない。猜疑《さいぎ》の目はじっとこの勇猛な従兄弟に向けられていたのだ。

宇治川先陣の碑。佐々木高綱と梶原景季が馬で一番乗りを競い合った　＝宇治市

寿永《じゅえい》二年（一一八三）五月に、義仲は倶利伽羅《くりから》峠の合戦で平家軍を破り、余勢をかって京に入った。平家一族は西国に落ち延びていく。だが、都での義仲軍は統制を欠き、軍規は守られず、食糧や女の掠奪《りゃくだつ》を繰り返すなど、その粗暴な振る舞

「鳩清水の伝説」

— 富山県小矢部市・埴生護国八幡宮伝 —

義仲が戦勝を祈願した八幡宮には不思議な伝説が残る。倶利伽羅峠の戦いで水がなく、疲労も激しかった兵たちが、空から飛来した白鳩に山中にある滝まで案内されたという。境内に湧き水が残り「鳩清水」の名が伝えられている。

いが公卿たちの反感を呼んでいく。もとはといえば、駆り集めた烏合《うごう》の軍勢に過ぎず、無理からぬことではあったのだが…。

後白河《ごしらかわ》法皇は義仲を懐柔《かいじゅう》する一方で平家にも通じ、鎌倉の頼朝にも上洛を促す。そんな複雑な宮中政治に、武辺《ぶへん》の義仲が対応できるわけがない。

法皇に命じられて西国に平家を追って戦力を消《しょう》耗《もう》し、一緒に行動してきた叔父の新宮行家《しんぐうゆきいえ》とも不和を生じて袂《たもと》を分かち、頼朝軍の来襲に怯《おび》え、義仲は追い詰められていった。平家と和睦して頼朝軍に備えようという思案も奏効せず、思い余った

「木曾義仲合戦図屏風」六曲一双　上（右隻）は、義仲が次々と勝利した「倶利伽羅落」「実盛最期」など華々しい場面が描かれている。下（左隻）は、「六条河原の戦」「粟津合戦」など敗れた場面が描かれている　＝国立歴史民俗博物館蔵

義仲は法皇の住む法住寺《ほうじゅうじ》を焼き払って、法皇を幽閉するという暴挙に走った。そのうえで法皇に頼朝追討の院宣《いんぜん》を出させ、自らを征夷大将軍《せいいたいしょうぐん》「旭《あさひ》将軍」に任じさせたのだ。

義仲に辟易《へきえき》していた都の人士の間に頼朝待望論が高まってくる。この機を逃す頼朝ではなかった。直ちに範頼・義経に義仲追討を命じ、満を持していた二人は近江の瀬田と宇治から京に進軍する。一時は法皇を擁して北陸路への逃亡も考えた義仲だったが、旭将軍の名誉をかけて戦う道を選んだ。もはや討ち死にも覚悟のうえだ。

宇治川を渡った義経軍は、四手に分かれて洛中に攻め込んだ。敗走する義仲軍は、鴨川の六条河原などで討ち果たされていく。義経自身は、木幡《こはた》、醍醐《だいご》から東山の阿弥陀《あみだ》ケ峰《みね》に出る最短コースで京に入り、義仲追走は他の軍に任せて、武蔵坊弁慶や梶原景季・佐々木高綱らを従えて後白河法皇の御所・六《ろく》条西洞院《じょうにしのとういん》に参上した。義経軍の馬蹄《ばてい》の音を聞きつけた法皇は「木曾が来たのではないか。北陸に連れていかれるのか。門を開けてはならぬぞ」と怯《おび》えたという。

凛々《りり》しい若武者は法皇の御意《ぎょい》にかなった。御所を警護する義経軍は規律正しく、公卿たちも愁眉《しゅうび》を開く。『玉葉《ぎょくよう》』も「九条河原あたりにおいて一切狼藉《ろうぜき》なし」と称えている。義経は一躍にして都の英雄となった。

瀬田へ落ち延びていく義仲は哀れである。追撃

近江八景「粟津晴嵐」歌川広重　琵琶湖岸粟津は義仲最期の地　＝大津市立歴史博物館蔵

を受けて次々と兵を失い、最期には武勇で知られた女武者である妻の巴《ともえ》や、幼児からの腹心・今井兼平《かねひら》ら十数騎になっていた。源氏の先陣を切って京に向かった近江路を、まさかの敗軍の将として死に場所を求めてさまよっている。「この半年、おれは夢を見ていたのか。天下人に上り詰めたのは、正夢ではなかったのか」─馬上で弱々しくつぶやく義仲に、巴も兼平も返す言葉がない。

「最期までともに…」と訴える巴を説得して去らせたばかりの義仲に、義経軍が襲いかかってきた。琵琶湖畔の粟津《あわづ》の松原。迎え討とうと馬首を変えたとき、数本の矢が義仲を貫く。うめき声をあげて落馬した義仲はそのまま果てた。齢《よわい》三十一歳の、無残な死だった。

木曾義仲木像
＝滋賀県大津市・義仲寺蔵

義仲の墓（木曽塚）と巴塚がある義仲寺。境内に「骸は木曾塚に送るべし」と遺言した芭蕉も眠る墓がある　＝大津市

奇襲戦法 一ノ谷

断崖越え敵の背後突く

　宇治川の決戦で木曾《きそ》義仲《よしなか》を破り、凱旋《がいせん》入洛した源頼朝の代官、範頼《のりより》・義経連合軍はすぐさま三万の軍勢を率いて、西国に都落ちして京の都奪回の戦力を蓄えつつあった平家軍の討伐に向かった。範頼軍は西国街道を西に、義経軍は京の西の峠老《おい》ノ坂《さか》から一路丹波路《たんばじ》に向かい、険しい山岳コースを進軍して、背後から敵陣一《いち》ノ谷《たに》をめざした。

　一方、源氏軍を迎え撃つ平家軍は、清盛の四男知盛《とももり》、五男重衡《しげひら》兄弟を正副将軍として大手《おおて》の生田《いくた》の森に配置、東の城戸《きど》には清盛の末弟の忠度《ただのり》、山の手には清盛の弟教盛《のりもり》の長男通盛《みちもり》と次男教経《のりつね》が布陣するなど、平家一門の総力を結集して背水の防衛ラインを敷いた。

　生田の森から西須磨《すま》まで約十二キロにも及ぶ一

「一の谷・屋島合戦図屏風」六曲一双　右隻　狩野吉信筆　一の谷の合戦。怒濤のように押し寄せる源氏から平家が海へ逃れる場面が描かれている　＝神戸市立博物館蔵

ノ谷の城郭は、前面に瀬戸内海の海が広がり、背後に絶壁がそびえる完璧《かんぺき》な要塞《ようさい》だった。平家軍は海を知らない坂東武者を、得意の海上戦に持ち込み、壊滅させる作戦だった。

ところが―。

「な、何ごとだ。何が起こったんだ」

平家が陣を張っていた生田の森に建つ生田神社。かつては広大な森に囲まれていたという　＝神戸市中央区

「後ろの絶壁から源氏の騎馬軍が落ちてきたぞ。逃げろ」―。

信じられない光景に、平家の一ノ谷本陣はパニック状態に陥った。

寿永三年（一一八四）二月七日早朝。義経率

いる源氏の騎馬隊七十騎が、高さ二百メートルはあろうかという断崖絶壁から一ノ谷本陣の背後を突く奇襲作戦で襲いかかった。

前日の夜、播磨《はりま》の山中・三草山《みくさやま》の合戦で、平資《すけ》盛《もり》らが率いる平家軍に夜襲をかけて大勝した義経は、休む間もなく、密かにけもの道をかき分け、鵯越《ひよどりご》えの間道から鉄拐山《てっかいさん》山中を抜け、海を見下ろす平家の本陣一ノ谷の背後に出た。

「うーん。あれが平家か。しかも海上まで平家の赤旗がはためいている。まともに戦っても勝ち

「源平合戦絵図」第二巻〔生田森の合戦〕伝 海北友松画 平家の主力部隊相手に奮戦する梶原景時を描く ＝山口県下関市・赤間神宮蔵

目は薄い。山頂から一気に攻め込むしかないな。海戦になったら不利だ」

幼少のころ鞍馬山で武術を磨き、奥州で騎馬の手綱《たづな》さばきを学んだ義経の戦法は、俊敏な肉体を駆使するだけでなく、人間の深層心理までも読んで相手の裏をかく、少数精鋭で挑む大胆な奇襲戦法だった。

義経は「御曹司《おんぞうし》、ここから落ちるのはみすみす命を落とすだけです。別の道を探しましょう」と、たじろぐ弁慶ら腹心を前に二頭の裸馬を崖から落

「源平合戦絵図」第四巻〔一の谷の合戦〕伝　海北友松画　馬を落としたあとの鵯越えの逆落としを描いている　＝山口県下関市・赤間神宮蔵

熊谷直実［右］と平敦盛［左］の騎馬像　＝神戸市須磨区・須磨寺

として、叫んだ。

「あれを見ろ。一頭が立ったではないか。人が乗って手綱をさばけば、もっとうまく降りられるぞ」

夜明けを待たず、戦いはすでに始まっていた。途中、義経隊と別れた熊谷直実《くまがいなおざね》隊が、三木から海岸線の塩屋に出て平家の本陣一ノ谷を西から攻め込んで合戦の火ぶたを切り、東の生田の森では、西国街道を進軍してきた兄範頼の軍勢二万騎が平家の主力部隊に襲いかかっていた。

「敦盛血洗い池」
―神戸市須磨区・須磨寺―

一ノ谷の戦いで熊谷直実に討たれた平家の若武者・敦盛の首実検を行うために首を洗い清めたと伝えられる池。池の側には義経が座って哀れを誘う敦盛の「青葉の笛」を確かめた「義経腰掛松」も残る。

戦いは一進一退だった。午前八時ごろだった。「われに続け！」と叫んだ義経が、先頭を切って断崖を馬の逆落《さかお》としで一気に駆け下りてきたのは―。後から怒濤《どとう》のように七十騎が続いた。馬のいななきと怒声が砂煙りと共に地滑りのように頭上から落ちてくる。

「何たることだ。源氏が降《ふ》ってきた。こんなことがあるのか」。まさか、岸壁を背にした最も安全な本陣が、こともあろうに背後の崖から襲われようとは…。義経らの騎馬隊は次々と火を放ち、切り込んだ。ふいを突かれた平家軍は大混乱に陥った。

世に言う一ノ谷の戦い。義経の鵯越えの奇襲作戦で、前線の心臓部を襲われた平家軍は戦意を失い海上を屋島に逃走する。この合戦で平家軍は通盛、教経、忠度、敦盛《あつもり》、知章《ともあき》ら十人の大将が壮絶な戦死を遂げた。

敦盛塚。若武者の死を悼んで建てられた五輪の石塔
＝神戸市須磨区

弱冠十六歳の平家の若武者・敦盛を海上まで追いかけ、涙ながらに討ち果たした熊谷直実は自責の念にかられ後に法然《ほうねん》の門をたたき出家、蓮生坊と名乗った。父知盛を救うために命を落とした知章…。一ノ谷の決戦は、後世に悲しくも優しい人間ドラマを残した。

「一ノ谷」の敗戦で平家は、さらに西へ敗走。壇ノ浦で海の藻屑《もくず》と消えていく。

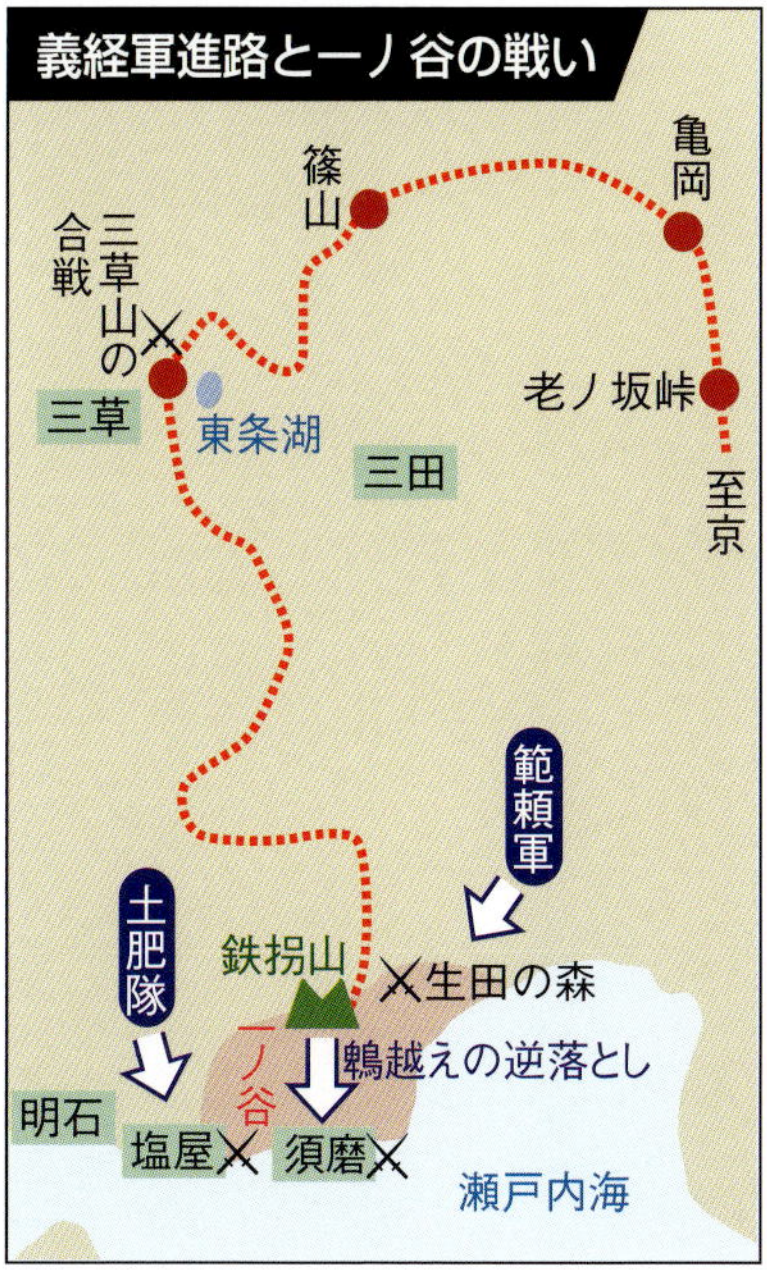

疾風義経　屋島の戦い

少数精鋭で平家撹乱

瀬戸内海の東の玄関口、四国の東北角に頂上部を平らに削り取ったような不思議な形をした半島状の山が突き出ている。周囲十五キロ、標高三〇〇メートルほどの丘陵だ。藍《あい》を溶かしたような緑の海に点在する島々の先には小豆島《しょうどしま》。転じて眼下に目をやると、半島と陸地を画するように相引川が流れる。かつて海が湾入して、この地が独立した島であったことを示す。讃岐《さぬき》（香川県）の屋島《やしま》である。

　八百余年の昔、源平の軍勢が陸地と島を隔てる海峡をはさんで対峙《たいじ》したという屋島の合戦の跡は、江戸時代以降の埋め立てによって、現在はほとんどが住宅地となっている。引き潮のとき東西両方に水が引くことから名づけられたという相引

平家が船を留めていた船隠し　＝香川県庵治町

「屋島合戦図屏風」　画面右上に屋島、海を挟んで左手に牟礼高松、下に五剣山。下方に佐藤継信の最期と那須与一の的射が描かれている　＝香川県高松市・屋島寺蔵

川が、かろうじて昔日《せきじつ》の海峡の名残。川のほとりには数々の戦跡が保存され、那須与一《なすのよいち》の扇の的射《まとい》や義経の弓流しなど、戦場の史話を潮の香にのせていまに伝える。

一ノ谷の戦いで、源氏の範頼《のりより》・義経連合軍に追われて西へ敗走した平家の軍勢は、数カ月のあいだに勢力を回復し、東は屋島、西は長門《ながと》（山口県）の彦島《ひこしま》に拠点を置いて瀬戸内海一帯を制圧、京都奪回のチャンスをうかがっていた。屋島には平家の総大将・平宗盛《むねもり》が、安徳《あんとく》天皇を擁して本陣を張る。幼い天皇の母・建礼《けんれい》門院《もんいん》（清盛の娘）、祖母の二位《にい》ノ尼《あま》（清盛の妻）もそこに住んでいた。

その朝、平家本陣は突如、背後に

屋島から望む霧に包まれた源平の古戦場跡　＝香川県牟礼町

旗山に建立された巨大な義経のブロンズ像　＝徳島県小松島市芝生町

湧《わ》きあがった黒煙に大騒ぎとなった。四国本島の牟礼《むれ》と、古高松（現在の高松市東方）の集落が猛火に包まれている。「尋常《じんじょう》の火事ではないぞ」「源氏の来襲だ」「よほどの大軍とみえる」

一ノ谷から一年後の寿永《じゅえい》四年（一一八五）二月十九日。手兵わずか百五十騎を率いて屋島討ちを企てた義経が、小勢と見抜かれないために仕掛けた戦略は思惑通り。不意をつかれた平家三千の軍勢は狼狽《ろうばい》して、屋島の陣地を捨てて船に乗って海上へ逃げた。

敵は正面の海から攻めてくるものと待ち構えていた平家の裏をかいて、反対側の陸地から襲う奇襲戦法は、一ノ谷の鵯越《ひよどりご》えと同じ考え方だ。この間に義経勢の一手が、干潮時の浅瀬を馬で渡って屋島に突進する。その数はせいぜい七、八十騎。大軍と見誤って海に逃れた宗盛は、意外の小勢に舌打ちして悔しがり、陸へ引き返して一戦交えるように指令するが、帰るべき本拠はすでに源氏の放った火で黒煙が立ち上がっていた。

平家が海辺の防御に築いた総門跡　＝香川県牟礼町

『平家物語』によれば、この日の義経は「赤地の錦《にしき》の直垂《ひたたれ》に、紫裾濃《すそご》の鎧《かぶと》着て、こがねづくりの太刀をはき……」という華麗ないでたち。勢いに乗り、大音声《だいおんじょう》をあげて「一の院（後白河法皇）の御使《おんつかい》、検非違使五位尉《けびいしごいのじょう》、源義経」と名のる。鎌倉の頼朝が聞いたら烈火のごとく怒ったであろうが、義経に他意はない。このところ、何かと冷たくあたる兄の心を自分に

屋島山頂にある屋島寺。四国霊場第84番札所
＝香川県高松市屋島東町

向かわせ、信頼を取りもどすことに一心でこの戦いに臨んでいたのである。

後白河法皇は、義経の一ノ谷の戦功を賞して、検非違使という朝廷の警察長官にあたる官職を授けた。その職を「判官《ほうがん》」と呼ぶことから九郎判官義経という呼び名がついたのであるが、そもそもこのことが兄頼朝との関係に亀裂を生じさせる原因だった。勝手に朝廷から官をもらうことは、「賞罰ハ宜《よろ》シク予ノ意ニ任ズベシ」という頼朝の意志に背くことであり、鎌倉体制との絶縁を宣言したのと同じ行為である。

義経弓流しの跡の碑　＝香川県牟礼町

鎌倉幕府の公用の日記『吾妻鏡《あずまかがみ》』は「コノコト頗《すこぶ》ル武衛《ぶえい》ノ御気《みけ》色《しき》ニ違《たが》フ」と、義経の任官に対する頼朝の怒りを記している。

法皇と頼朝の政治的な綱引きのあいだで、微妙な立場に立たされていた義経であったが、本人はこの辺の事情をはっきりとは分かっていない。朝廷からの任官は、源家の名誉でこそあれ、それで兄が怒っているとは思いも及ばないことだった。二人

義経軍の屋島への進行図

義経をかばい戦死した佐藤継信を描いた扇面　＝香川県牟礼町・洲崎寺蔵

の溝は深まるばかりである。

屋島の合戦の顛末《てんまつ》はしばらくおいて、源氏の平家追討軍が西国に向けて鎌倉を出発したのは、前年の八月。大将に任じられたのは範頼で、義経には声がかからなかった。京都でひとり悶々として いた義経のもとに、出動命令が届いたのは、ようやく翌年の正月である。

この頃、範頼の大軍は山陽道を長門まで進んでいたが、悪戦苦闘のすえに兵糧《ひょうろう》は底をつき、完全に戦意を失って、絶えず救援要請を鎌倉に出すありさまだった。このままでは範頼軍は壊滅してしまうと悟った頼朝は、ついに義経の起用を決意したのである。この男の魔法のような軍事的才能に賭《か》けるしかなかった。

義経は勇躍、手兵を引き連れて摂津《せっつ》の渡辺津《わたなべのつ》(大阪市)に向かった。めざすは四国の屋島。そこへ、頼朝から派遣された軍監《ぐんげん》(軍奉行)梶原景《かげ》時《とき》の率いる主力軍が合流するが、この男は鎌倉で

は孤立無援の義経を軽く見ていて、何かにつけて対立する。出発前の軍議で、景時は海上戦に備えて、船を前後自在に動かせるように、船首にも櫓《ろ》をつける「逆櫓《さかろ》」を提案する。

義経は「退くための櫓など無用。戦はただ攻め進んで勝つ」と一蹴する。義経の奇襲戦法からすれば、無用の論争だったかも知れないが、景時は満座のなかで誇りを傷つけられた恨みを忘れられない。その後の戦いを通じて、ことごとく義経を陥れるような戦況報告を頼朝に書き送ることになる。

祈り岩。那須与一が矢の的中を祈ったとされる　＝香川県牟礼町

出発と決めた日は、にわかに大嵐となった。やむなく成り行きを見守ることにしたが、夜になって風向きが変わり四国への追い風になると、義経は軍監である景時にも告げず、手兵のものに船出の準備を命じた。「普通のときなら敵も用心する。悪天候こそ敵を欺《あざむ》く好機」というのが彼の理屈だ。

従う兵は百五十騎、尻込みする船頭を弓矢でおどし五艘《そう》の船に分乗して、暴風雨のなかを午前二

「屋島合戦図屏風」　那須与一が扇の的を射落とした場面　＝神戸市立博物館蔵

時に出帆。三日かかる海路を疾風に乗って四時間あまりで走り抜け、午前六時には阿波（徳島県）の勝浦《かつうら》に着いていたという。

勝浦は現在の小松島市。上陸地点ははっきりしないが、あちこちの浜に吹き寄せられた船を集めて兵たちが勢ぞろいしたという勢合《せいごう》をはじめ、こ

「名馬が石に化す」

— 徳島県小松島市 —

宇治川の合戦で名馬磨墨と先陣争いをした名馬池月が石に化したといわれ、また馬が天からおりて化石になったともいう。馬の形をしたこの天馬石は旗山の麓にあり、石を踏むと腹痛を起こすといういわれが残る。

の地には弦張坂《つるはりざか》、弦巻坂《つるまきざか》、鞍かけの岩など、義経上陸の足跡をとどめる地名や数々の伝説が伝わる。源氏の白旗を掲げて気勢をあげたという旗山《はたやま》の丘には、愛馬にまたがる義経のブロンズ像が聳《そび》え立つ。高さ六・七メートル、現存する騎馬像では日本一だそうだ。ゆかりの地にはそれぞれ大きな石碑と案内板を設置、各地点を結ぶルートは義経ドリームロードと呼称されている。

阿波に上陸した義経は、平家方から投降してきた在郷武士の道案内で、休むまもなく讃《さ》岐《ぬき》の屋島をめざす。土地の人でも二日はかかるという阿讃《あさん》国境の大坂越《おおさか》えを夜を徹して行軍、翌日の午前八時には屋島の敵陣の対岸に着く。

嵐をつき上陸した船を寄せ集めた場所に立つ勢合の碑　＝小松島市田野町

一ノ谷以来の奇襲戦法で、義経が平家の軍勢を海に追いやったのは前述の通りだが、平家のなかにも船を引き返して戦うものもいて、海と陸をはさんで合戦絵巻が繰り広げられた。屋島の合戦は平家琵琶の語りでも一番人気のあったくだり。能で演じられ、幸若舞《こうわかまい》で舞われ、いまに語り継がれる。

この戦いで、義経は奥州の藤原秀衡《ひでひら》がつけてくれた忠臣・佐藤継信《つぐのぶ》を失っている。義経に向けられた敵の弓矢を、身代わりとなって受けて討ち死

「一の谷・屋島合戦図屏風」　六曲一双　左隻　狩野吉信筆　屋島の合戦。義経の奇襲攻撃に逃れる平家。右下に那須与一の的射が描かれている　＝神戸市立博物館蔵

にしたのである。義経にとって、最も悲しい出来事だった。近在の僧を呼んで供養を頼み、法皇から頂いた秘蔵の名馬「大夫黒《たゆうぐろ》」を僧に贈り、厚くその地に葬った。

義経には厳しい『吾妻鏡』も、この一事は「コレ戦士ヲ撫《ぶ》スルノ計ラヒナリ、美談トセザルハナシ」と讃《たた》えている。

那須与一が、平家が船上に掲げる扇の的を見事に射止めて両軍から喝采《かっさい》をあびたという有

佐藤継信が義経の身代わりとなり矢で射られた射落畠の碑［右］と継信の墓［左］　＝香川県牟礼町

名な扇の的射《まとい》や、義経の弓流しのエピソードもこの戦いから生まれた。戦のさなかに誤って海に弓を落とした義経は、敵矢が打ち込まれる中を必死で拾う。「大将ともあろう方が、弓ひとつのために危険なことをなさるものではありません」と家臣がたしなめると、義経は「自分は非力だから弱い弓を使っている。敵に拾われて、笑われたくないのだ」と告白する。

この戦の舞台となった牟礼町には、継信と大夫黒の墓、与一が神仏に的中を祈った「祈り岩」や足場を定めた「駒《こま》立岩《だていわ》」、弓流しの跡などが史跡として保存されている。

一日置いて二十一日、平家側は突然、軍船を東方の志度湾《しどわん》に向けた。後方から源氏を攻める作戦だったようだが、義経に見破られ撃退される。屋島は完全に源氏の手の中に入った。安徳天皇、宗盛以下は、西の拠

継信の遺体を本堂の扉にのせて運んだとされる　＝香川県牟礼町・洲崎寺

「源平合戦図屏風」　伝　狩野元信画　安徳天皇が船で屋島に向かう場面。那須与一の的射と義経弓流しも描かれている　＝山口県下関市・赤間神宮蔵

点である長門の彦島《ひこしま》をめざして四国を離れた。

四国攻めの主力であったはずの梶原景時が、百四十艘の軍船とともに屋島に到着したのは、戦い終わった二月二十二日であった。

「六日の菖蒲《しょうぶ》（五日の端午《たんご》の節句に必要な菖蒲は、六日になっては役に立たない）、いさかひはててのちぎりき（けんかが終わってから棒を持ち出すこと）」と人々は笑った。と、『平家物語』は書きとどめている。

名馬太夫黒の墓。継信の供養を頼んだ僧に贈った　＝香川県牟礼町

源平戦の決着 壇ノ浦

平家一族、海の藻屑に

源平両軍の五年間にわたる戦いに決着をつける日が近づいていた。

屋島を追われた平家の総大将・宗盛《むねもり》は、安徳天皇と皇位のしるしである三種《さんしゅ》の神器《じんぎ》（八咫鏡《やたのかがみ》・草薙剣《くさなぎのつるぎ》・八尺瓊勾玉《やさかにのまがたま》）を守って瀬戸内海を西へ進み、弟の知盛《とももり》が拠点としていた長門の彦島《ひこしま》にたどりつく。後を追って義経の率いる源氏勢が、次第に船団を膨らませながら、じわじわと平家最後の砦《とりで》に迫っていた。

屋島の合戦から一ヵ月、関門海峡の長府沖に二つ寄り添うように浮かぶ満珠《まんじゅ》・干珠《かんじゅ》の島陰に、源氏の船団が姿を現した。これを知った平家は、彦島を出て九州・門司側の田《た》ノ浦《うら》に

源平戦の決着　壇ノ浦

「安徳天皇縁起絵図」伝 土佐光信画　第七巻「壇の浦合戦」［右］と第八巻「安徳天皇御入水」［左］　＝山口県下関市・赤間神宮蔵

船を集める。指揮をとるのは宗盛に代わって、平家きっての戦略家といわれる知盛《とももり》である。義経が一ノ谷、屋島で成功した背面攻撃に機先を制し、真正面から平家得意の海上戦に持ち込む構えだ。そして寿永《じゅえい》四年（一一八五）三月二十四日、源平最後の戦いが激流逆巻く関門海峡を舞台に繰り広げられた。壇ノ浦の戦いである。

　両軍の兵船の数は、『平家物語』は源氏三千余艘・平家一千余艘

（長門本《ながとぼん》では三千対五百、『源平盛衰記《げんぺいせいすいき》』七百対五百）としているが、『吾妻鏡《あずまかがみ》』では源氏八百四十余艘に対して平家五百余艘となっている。

数には諸説あるが、この一カ月のあいだに義経は確実に平家を上回る兵船を確保していた。海戦の経験がない東国武士の集団である源氏が、「海の平家」を討ち負かすには、まず兵力の数で圧倒しなければならない。屋島を奪い瀬戸内海東部の制海権を握った義経のもとには、南海道や山陽道の水軍をもつ豪族が次々と帰属し、その中には、熊野水軍の大部隊も加わっていたという。だから、水軍においても平家と互角に戦える実力を備えていたと言えるかもしれない。

源平最後の決戦場となった壇ノ浦
＝下関市壇ノ浦

戦いは当初、東へ向かう潮流に乗って平家が押し込み、源氏は最初に陣取った満珠・干珠の海域まで後退、防戦一方の苦戦を強いられた。潮の流れが変わらないうちに一気に勝負をつけるのが知盛

壇ノ浦の合戦前に源氏の船が集結した満珠・干珠の島　＝下関市串崎から望む

「安徳天皇画像」　＝京都市東山区・泉涌寺蔵

の計算だったが、ここで踏ん張ればやがて潮流が逆になることは義経も心得ていた。そこで彼がとった戦法は、相手の兵船の船頭を弓矢で狙い打って、船の自由を奪ってから斬《き》りこむという奇襲だった。

当時の戦場では、武士と武士が名乗りあって闘うのが常識であり、非戦闘員である船頭を狙うことは水軍の作法ではあり得ないことだった。これを蛮行とみるか、知略とみるかは別にして、勝つためには手段を選ばないのが義経の流儀。漕《こ》ぎ手や舵《かじ》取りを失った平家

の船はいたずらに潮に押し流され、戦闘隊形を乱して混乱した。平家が攻めきれないでいる間に潮流が変わり、形勢は完全に源氏方に傾く。平家を寝返って源氏につく地方豪族も出てきて、ますます勢いにのった義経の軍勢は、逆に西へ向きを変えた潮流を味方にして、壇ノ浦まで平家を追いつめた。

もはやこれまでなり。戦いはまだ続いていたが、漂流船さながら海峡に散りただよう自軍の船団を見て、知盛は覚悟した。采配《さいはい》を捨てて安徳天皇の御座船《ござせん》に乗り移ると、母である二位ノ尼と妹の建礼門院にそのことを告げた。ついに一門の最後の日がきたと悟った二位ノ尼は、孫にあたる八歳の天皇を抱き、源氏が奪還をねらう剣と勾玉の神器を身につけて水中に投じた。建礼門院もつづいたが、源氏の兵に熊手で掬《すく》い取られて、捕らわれの身となる。

この間、平家の一族は大将の知盛をはじめ主だった将は次々と入水《じゅすい》、あるいは討ち死にして壇ノ浦の海底に沈み、生きながらえたものは捕虜となった。そのなかには、一門の総帥《そうすい》である宗盛父子の姿もあった。

源平戦の決着　壇ノ浦

「源平矢嶋大合戦之図」月岡芳年画　壇ノ浦合戦での義経八艘跳びの場面（西井正氣氏蔵）

「今ぞ知る　みもすそ川の御ながれ　波の下にも　みやこありとは」

二位ノ尼の詠んだ辞世の歌の石碑が、壇ノ浦の「みもすそ川公園」に立っている。もともと伊勢の五十鈴川の別名を御裳濯川といい、当地の「みもすそ川」（御裳川）の地名は、この歌によって

「平家のいっぱい水」

― 下関市前田町 ―

壇ノ浦の戦いで、傷を負って海へ落ちた平家の武将のひとりが、海岸にあるわずかな水たまりをみつけた。ひん死の体をひきずり、命がけで水を飲んだ。ところが夢中で二口目を飲むと、それまでの真水が塩水に変わっていたという。

「安徳天皇縁起絵図」伝　土佐光信画　第八巻「安徳天皇御入水」［部分］　建礼門院が熊手で掬い上げられている情景が描かれている　＝下関市・赤間神宮蔵

生じたとされる。今は流れる川の面影もないが、公園の中に朱塗りの「みもすそ橋」が設置されていた。安徳天皇入水の場所はすぐこの沖合。大きなタンカーが激しい潮流に逆らって、あえぐように東へ向かっていた。この波の下に幼い天皇と祖母はどんな都を見たのであろうか。

ここから南西に向かうと、安徳天皇をまつる赤《あか》間《ま》神宮がある。塗りたてのような朱と青の華やかな建物。戦後に新築された水天門は、二位ノ尼の

龍宮城を模した赤間神宮水天門　＝下関市阿弥陀寺町

歌にある「波の下のみやこ」をイメージした、竜宮造りの門だそうだ。境内のはずれには、合戦で滅んだ平家一門の墓・七盛《ひちもり》塚があり、近くに耳なし芳一《ほういち》の祠《ほこら》や安徳天皇像がある。隣は安徳天皇御陵。京より西では唯一の御陵である。

壇ノ浦の合戦は、義経にとって四度目の成功だったが、この町ではどこへいっても平家づくし。主役は常に平家だった。義経の勇姿を伝える「八《はっ》艘《そう》跳び」のエピソードも、土地の人に言わせれば「あれは敵に背を見せて逃げただけの話じゃ」と、そっけない。義経は、ここでは何の罪もない八歳の幼帝を、海に沈めた敵の大将という敵役を演じさせられている。義経のその後の不条理な運命と、判官びいきの裏返しを見ているようだった。

安徳天皇御陵　＝下関市阿弥陀寺町

「消えた宝剣」

— 下関市壇ノ浦 —

義経は海中に沈んだ剣を探すよう海女の老松に命じた。海女が海に潜ると大蛇が現れ「この剣はもともと龍宮城の宝物。日本国へは渡さない」とお腹に入れてしまった。その後も、壇ノ浦には光り輝くものがあるとの噂が流れたという。

栄華の果て 平家の落日

盛者必衰は世のならい

平家一門が壇《だん》ノ浦《うら》の藻屑《もくず》と化したのは、寿永《じゅえい》四年（一一八五）三月二十四日夕のことである。武者たちの流した血で赤く染まった海面に、さらに燃えるような残照が照りつける。勝敗は武士のならいではあるが、まだ幼い安徳帝《あんとくてい》や、建礼門院《けんれいもんいん》、二位《にい》ノ尼《あま》など平家ゆかりの女人《にょにん》も相次いで海に身を投じたことで、その悲劇性はいちだんと強まった。

平清盛《たいらのきよもり》の台頭で平家は比類ない権勢を得て、栄耀栄華《えいようえいが》をほしいままにした。白河上皇が祇園《ぎおん》女御《にょうご》に生ませたとされる出生もあずかって、力あったのだろうが、政治家としての清盛の力量には端倪《たんげい》すべからぬものがある。平治《へいじ》の乱（一一五九

住宅街の奥にひっそりと立つ清盛塚
＝山口県下関市彦島

「安徳天皇縁起絵図」第三巻「後白河法皇還御」伝　土佐光信画　平家都落ちの一連の場面　＝下関市・赤間神宮蔵

壇ノ浦合戦前に平家が船を隠したという「船隠し」　＝下関市彦島

年）で好敵手だった源義朝《よしとも》を葬ってからは、もはや叶《かな》わぬことはなかった。武家で初めての公《く》卿《ぎょう》に任ぜられ、従二位《じゅうにい》、内大臣《ないだいじん》を経て、仁安《にんあん》二年（一一六七）には太政大《だじょうだい》臣《じん》にまで上り詰める。さらに娘・徳子を入内させて高倉天皇の后《きさき》とし、言仁《ときひと》親王（安徳天皇）を即位させた。天皇の外祖父《がいそふ》として政治を動かした藤原摂関家《せっかんけ》にならった権力掌握法である。

だが、満ちれば欠けるのが世のならいだ。平家

毎年、5月2日の安徳天皇御命日に先帝祭が行われる赤間神宮　＝下関市阿弥陀寺町

平家一門の武将を祀る「七盛塚」　＝下関市・赤間神宮

琵琶法師・芳一が祀られている芳一堂　＝下関市・赤間神宮

の専横を憎み、傍若無人《ぼうじゃくぶじん》の振る舞いを嫌い、その打倒を謀る者が出てきても不思議ではない。反平家の機運は深く各地に広がっていた。そうでなければ、治承《じしょう》四年（一一八〇）四月に源頼政《よりまさ》が後白河法皇の息・以仁王《もちひとおう》を擁して決起してから僅か五年での平家の滅亡は理解できない。『平家物語』は「奢《おご》れるもの久しからず」と喝破《かっぱ》した。

もちろん、一門が武家という出自《しゅつじ》を忘れて貴族化していったこと、福原遷都《ふくはらせんと》を図って公卿たちの反発を買ったこと、治承五年（一一八一）に清盛が亡くなり、一族の求心力が失われたこと—など

「平家塚」
— 下関市高畑 —

平家の落人の墓と伝えられ、古びた五輪塔や墓石が点在している。一帯は「平家やぶ」ともいわれ、かつては足を踏み入れるとたたりがあると村人から恐れられてきたが、いまは地元の人たちの心配りで手入れがほどこされている。

「大原御幸」後白河法皇が建礼門院を訪ねた寂光院　＝京都市左京区大原

滅亡にいたる要因はいろいろある。義経という稀《き》代《たい》の軍事的天才の登場も、衰亡に拍車をかけた。だが、そうした言挙《ことあ》げよりも「盛者必衰《しょうじゃひっすい》の理《ことわり》」を説く『平家物語』の言葉の方が心にしみる。

世人《せじん》は敗れ去った者に優しい。平家一門の物語は、琵琶法師《びわほうし》によって哀切こめて語り継がれ、能や歌舞伎となって今も人の心をうつ。建礼門院が晩年を過ごした大原寂光院《じゃっこういん》、平家ゆかりの女人の事跡が残る嵯峨野の小さな神社や庵《いおり》を訪ねる人はなお多い。各地に残る平家の落人《おちうど》伝説も愛惜を込めて語られている。

平家を倒した源頼朝《よりとも》は、史上初の武家政権・鎌倉幕府を開いた。それは平安京の終焉《しゅうえん》を意味し、これによって関白兼実《かねざね》の弟慈円《じえん》が『愚管抄《ぐかんしょう》』にいう、本格的なムサ（武者）の時代に入った。頼朝は平家の轍《てつ》を踏むことを恐れ、幕僚が京風に染まって貴族化することを許さなかったが、義経にはその心が最後まで読めなかった。

建礼門院御影像　＝京都市東山区・長楽寺蔵

稀代の策謀家 後白河法皇

頼朝曰く「日本一の大天狗」

「後白河法皇像」＝京都市右京区高雄・神護寺蔵

「左衛門少尉《さえもんのしょうじょう》源義経恐れながら申し上げ候…功あり誤ちなしといえども、御勘気《ごかんき》を蒙《こうぶ》るの間《あいだ》、空しく紅涙《こうるい》に沈《しず》む」―。義経が兄頼朝に送った有名な腰越状《こしごえじょう》〈全文一三四頁に掲載〉の書き出しである。その全文は『吾妻鏡《あずまかがみ》』にも記され、いまに伝えられている。

寿永《じゅえい》四年（一一八五）五月、義経は戦勝報告のため関東に下ってきた。一《いち》ノ谷《たに》、屋島《やしま》の合戦で莫《ばく》大《だい》な勲功《くんこう》をあげ、ついには壇ノ浦で源家の宿敵、平家を滅ぼした。兄に誉《ほ》めてもらいたい、手を取り合って喜びたい―そんな思いできた義経に、頼朝の態度は思いがけないものだった。鎌倉に入ってはならぬ―というのだ。凱旋《がいせん》気分は一気に吹き飛んだ。まるで罪人のような扱いは何故なのか、梶原景時《かげとき》の讒言《ざんげん》に惑わされてのことか。ああ、あまりに情けない―と義経は嘆き悲しんだ。

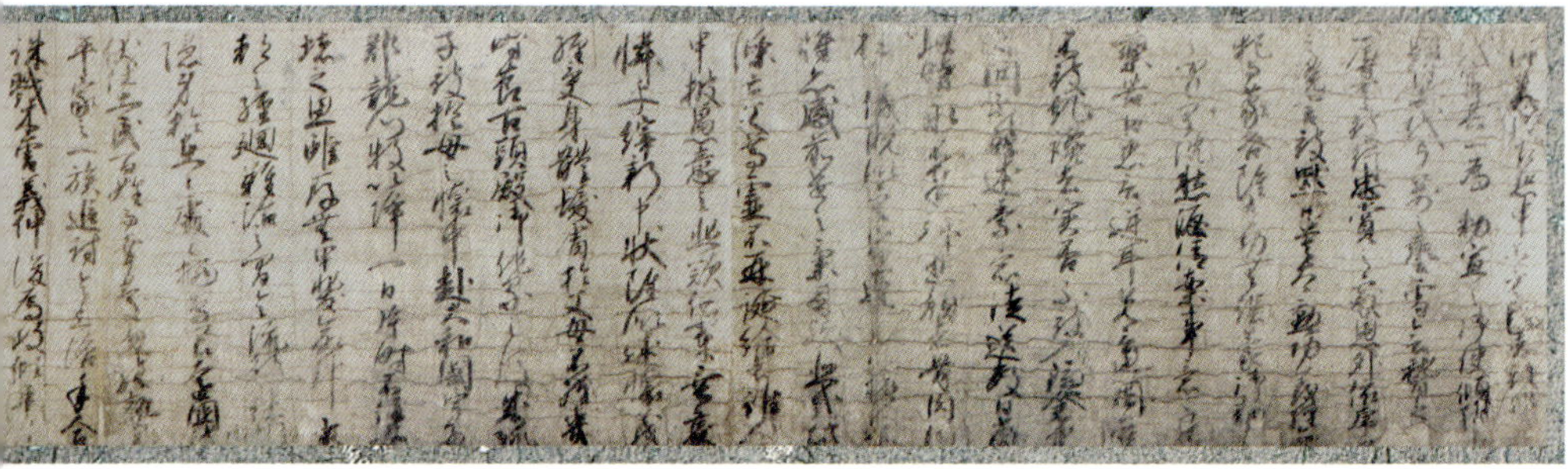

酒匂《さかわ》の宿（神奈川県小田原市）で十日も足止めされ、たまりかねて腰越まで来た。目指す鎌倉へは後わずか。いま一度、潔白を証明し、許しを請《こ》う嘆願状を兄のもとへ差し出すことにしよう。

草稿は武蔵坊弁慶が血涙をしぼって練り上げたとされる。だが、義経主従最後の願いも空しく、頼朝との対面はかなわない。あまつさえ、捕虜として連れて来た敵将平宗盛《むねもり》らを連れ帰って首打て―との非情な指図がくだる。義経の理解を超える冷たさである。

現存する腰越状の版木　＝鎌倉市腰越・満福寺蔵

「関東に恨みのある者、私のもとへ来るがいいぞ」―。腰越を去る際、義経はこう言い放つ。この一言で兄弟の亀裂は決定的になった。失意の底にあった義経が血を吐く思いで口にした決別の言葉だが、東国武士たちは鎌倉への叛意《はんい》、宣戦布告と受け止める。頼朝もその言葉を知って激怒した。

ずばり『義経腰越状』という題名の歌舞伎がある。いまでも上演されるが、実際は徳川家と豊臣

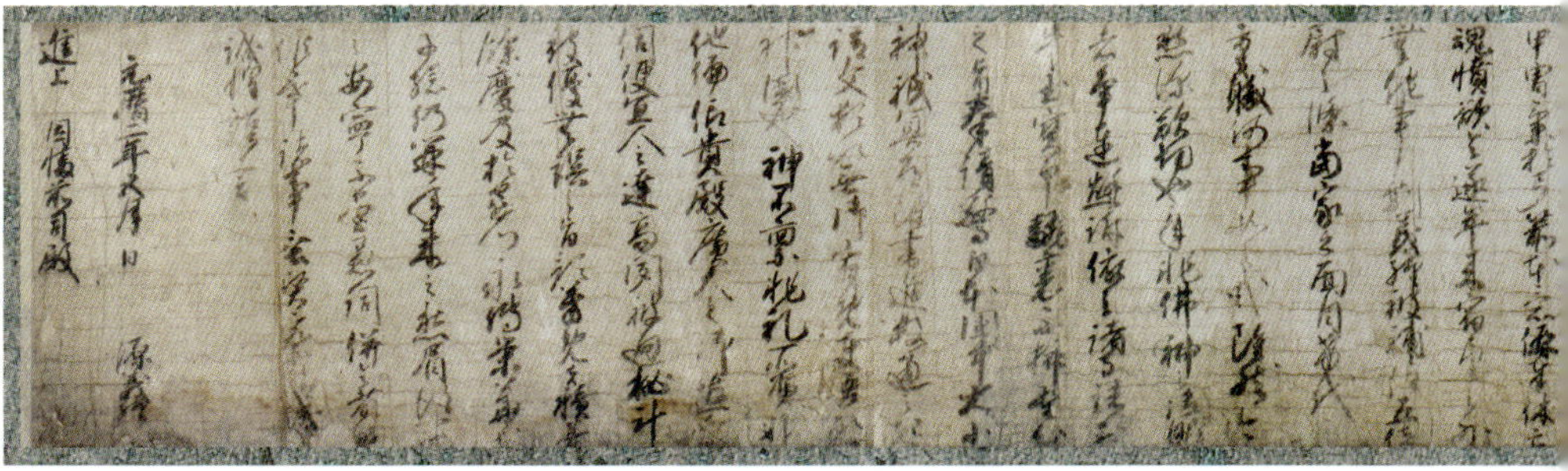

版木から刷られた腰越状（合成写真）。「吾妻鏡」腰越状とは違い「不顧為敵亡命」の6文字が抜けたためこの寺に残ったと伝えられる　＝鎌倉市腰越・満福寺蔵

家の争いを鎌倉の世界に置き換え、家康を頼朝に、秀頼を義経になぞらえた芝居だ。江戸時代、庶民の娯楽だった歌舞伎。老獪《ろうかい》な家康に敗れさる秀頼に、義経の面影を追い求めたように思われる。猜《さい》疑心《ぎしん》が人一倍強いと言い伝えられる家康に頼朝を見立てたあたり、見物人の喝采《かっさい》を狙った戯作者《げさくしゃ》の面目躍如がうかがえる。では、史実は―。

頼朝が義経に見切りをつけた最大の理由は、腰越状の次の一節にある。「あまつさえ義経五位《ごい》の尉《じょう》に補任《ぶにん》するの条《じょう》、当家の面目《めんぼく》、稀代《きたい》の重職《ちょうじょく》、何事かこれに加えんや」の件《くだ》りだ。

頼朝の目標は、朝廷の支配から独立した武家政権を樹立することにあった。だから、自分の支配下にある人間が頼朝の推挙もなく官位を受けることは、秩序を乱す行為であり絶対に許せ

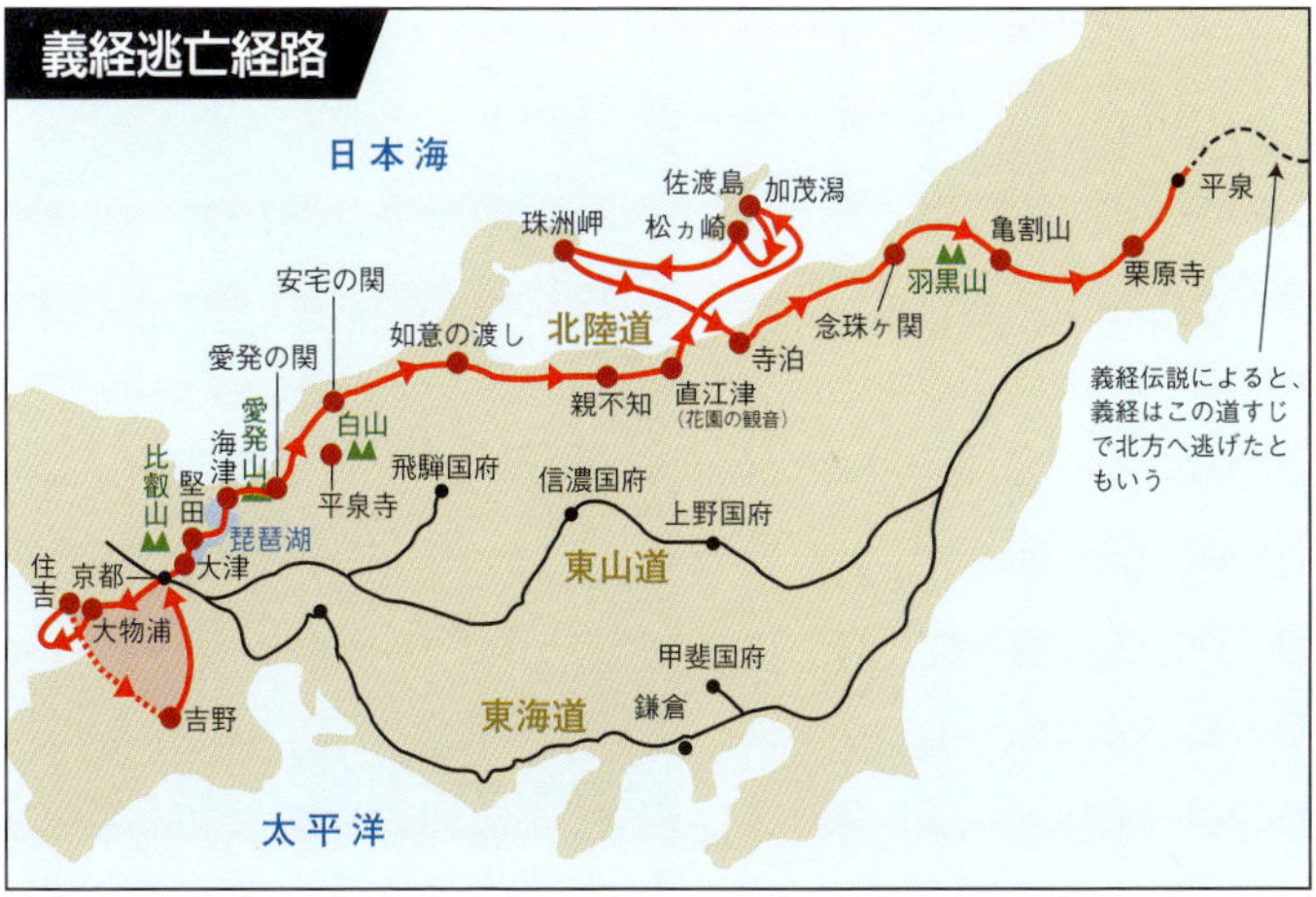

推定される義経の奥州への逃亡経路（→）と伝説の残る主な経由地（●）。「義経記」を参照

ない。頼朝は義経にだけ厳しかったのではない。勝手に任官を受けた御家人二十四人に鎌倉下向《げこう》を許さず、戻れば斬首《ざんしゅ》もありうるとの下文《くだしぶみ》を発している。

当時の鎌倉で頼朝の基盤はまだ磐石《ばんじゃく》ではない。支配体系を確立して坂東《ばんどう》武者たちを心服させることが急務なのだ。背後には奥州・藤原秀衡《ひでひら》の脅威も控えている。そんな状況を理解せず、判官《ほうがん》に任ぜられて有頂天になっている愚かしさ、弟として特別扱いを求める甘え。頼朝が日に日に義経を疎《うと》ましく感じていったのも無理からぬことだった。

一言でいえば、頼朝は源家の行く末を見定めて思慮深く行動する冷徹な政治家であり、義経は当面の戦に勝つことこそ最大の目標とした武将である。異質の兄弟は、相手の真意や心情を十全には理解できない。いや、理解しえても納得できない

源氏の堀川館にあった「左女牛井之跡碑」
＝京都市下京区堀川通五条下ル

稀代の策謀家　後白河法皇

「義経公東下り絵巻」　頼朝の命を受けた土佐坊昌俊が堀川館の義経に夜討ちをかけたが弁慶らの奮戦により捕らわれ、斬られた　＝岩手県平泉・中尊寺蔵

のだ。

　さらに二人の仲を引き裂く決定的な働きをした人物がいる。稀代の策謀家ともいうべき後白河法皇である。

　法皇は義経をことのほかかわいがり、昇殿を許し、五位の尉に任官した。それが頼朝の怒りを買う原因を作ったのだが、法皇は斟酌《しんしゃく》しない。都へ戻った義経を、頼朝との確執を知りつつ、今度は伊予守《いよのかみ》に任じる。そればかりか鎌倉の圧力に身の危険を感じた義経が、叔父《おじ》の新宮行家《しんぐうゆきいえ》とともに願いでた頼朝追討の宣旨《せんじ》まで与えてしまう。その一方で「院宣《いんぜん》は義経に強要されたものだ」と、弁明の使者を鎌倉に送っている。

　さらに義経が西国に落ちる途中で行方知れずとなると、今度は義経追討の院宣を頼朝に与えた。文治元年（一一八五）十月から十一月にかけ、わずか一カ月の間に法皇は正反対の宣旨を下したことになる。

「弁慶・政俊図絵馬」堀川館夜討ち（重文）長谷川等伯画　＝京都市上京区・北野天満宮蔵

何とも奇怪な話だが、さすがに頼朝は早くに法皇の本質を見抜いていた。朝《ちょう》令《れい》暮《ぼ》改《かい》の政治、複数の勢力を自在に操って権力を維持しようとする保身術。法皇のことを「日本一の大天狗」と名づけたのも、そうした振る舞いをよくよく熟知してのことだった。

頼朝は法皇の掌中で踊らされている義経を嫌悪し、その所領《しょりょう》を没収し、土佐《とさ》坊昌俊《ぼうしょうしゅん》を刺客として送り、義経の住む六条堀《ほり》川館《かわやかた》を急襲させる。

もはや、不仲の域は超えた。戦端は開かれたのだ。詮方無《せんかたな》し。都にいては命も危うい。いったんは西国に落ち延びて再起を図るしかない。

同年十一月三日、義経は都を逃れ出た。長い逃避行の始まりである。

「鳴きやんだコオロギ」

― 鎌倉市腰越・満福寺伝 ―

伝　弁慶の錫杖等

腰越状を草案するとき弁慶が墨をすっているとコオロギがしきりと鳴く。「やめろ」と叫ぶとコオロギはぴたりと鳴きやみ、境内は静かになったという。いまでもこの境内では秋になってもコオロギが鳴かないと伝えられる。

逃亡の巻

絶望、長い奥州への逃避行

襲う荒波　大物浦

義経主従に神佑なし

文治《ぶんじ》元年（一一八五）十一月六日、義経一行は大小十数隻の船に分乗して、大物浦《だいもつのうら》（兵庫県尼崎市）を漕ぎ出した。目指すは西国である。義経は九州へ、頼朝から睨《にら》まれて義経と行動を共にした叔父行家《ゆきいえ》は四国へ。それぞれいったん落ち延び、時節を待って再起を図る手はずだった。

暗雲たれこめる空模様に不安を感じなかったわけではない。だが、背後に頼朝の兵が迫っている。暴風雨のなかを船出して勝利したあの日の思い出が、義経の脳裏をよぎったかもしれぬ。恐れることはない。再度、運を天にまかせよう。「神佑《しんゆう》は

襲う荒波　大物浦

義経公東下り絵巻「都落」　義経が都を捨て大物浦から船で四国へ逃れようとした時、暴風雨に襲われ、壇ノ浦で滅亡した平知盛の死霊が現れ、義経を海に引きずり込もうとしたが弁慶の祈祷で退散させた。しかし、船は住吉の浜に戻され難破した　＝岩手県平泉・中尊寺蔵

我にあり―」と。

同じ年の二月半ば。その日も暴風雨の吹き荒れる悪天だった。軍監《ぐんげん》・梶原景時《かじわらかげとき》の反対を押し切り、義経は手勢わずか百余騎とともに摂津《せっつ》の渡辺津《わたなべのつ》（大阪市北区）から阿波の勝浦《かつうら》に上陸する。この間、たったの四時間。隣の屋島《やしま》に本陣を構える平宗盛《むねもり》らはまさかの奇襲にあわてふためき、海上に敗走した。

しかし、今回はようすが違った。大物の沖合に出た義経一行に、情け容赦なく霙《みぞれ》まじりの風雨が襲いかかる。都から伴ってきた多数の女性は、恐れおののき、泣き叫んだ。船が淡路に近づくと、激しい西風に見舞われた。逆風だ。頼朝に見捨てられた義経に、ついぞ天の加勢はなかった。

〽潮を蹴立て悪風を吹きかけ、眼もくらみ、心も乱れ、前後を忘《ぼう》ずるばかりなり―。

謡曲『船弁慶《ふなべんけい》』の一節。荒波が滝となって船に侵入してくるさまが目の当たりに浮かぶ。壇《だん》ノ浦《うら》

金剛能「船弁慶」の一場面。死霊の知盛［左］と冷静にかまえる義経［右］
＝京都市上京区・金剛能楽堂

で海中に沈んだはずの知盛《とももり》が亡霊となって現れ、義経に逆襲する件《くだ》りだ。

〽その時義経少しも騒がず、打物《うちもの》抜き持ち、現《うつつ》の人に向かうが如く、言葉を交わし戦い給えば―。

『船弁慶』の義経は勇敢だ。従者の弁慶もまた数珠を押しもみ、祈りに祈った。そして悪霊《あくりょう》は追い払われてしまうのだが。

　現実はどうだったか。船団は一昼夜、木の葉のように波にもまれ、東へ東へ押し戻されて、あげくに難破する。都を出る際には二百人は数えた供の者も、ちりぢりばらばら。翌朝、住吉の浜（神戸市東灘区）に打ち上げられた時、義経のそばには弁慶と愛妾《あいしょう》の静《しずか》らわずか四人が残っただけで

大物橋跡の碑
＝兵庫県尼崎市東大物町

あった。

　大物浦はいま、海岸を埋めたてられ、大小の工場がぎっしりと建ち並ぶ。出船入《でふねい》り船《ふね》でにぎわった往時の面影をとどめるものは何もない。東西に走る阪神高速道路の高架下に祀《まつ》られている辰巳《たつみ》八幡神社の小さな社のすぐそばに、「静なごりの橋」と読めるすすけた石柱がぽつんと残っていた。

　阪神電車の大物駅から行くと、この石柱の場所より手前、県道沿いに大物主《おおものぬし》神社がある。社務所の話では「平安末期から鎌倉時代の初めごろ、神社の南端あたりがもう海辺だった」そうだ。境内に義経と弁慶主従が身を寄せたという「隠れ家跡」の碑が立っている。こちらの方が静の石柱よりも新しく、脇にある謡曲『船弁慶』ゆかりの地の駒札《こまふだ》を見ると、文末に「なお義経は出帆《しゅっぱん》を前に静御前と別れを惜しんだといわれ…」と記されてあった。

義経・弁慶隠家跡の碑
＝尼崎市大物町・大物主神社境内

　実際に義経が静と別れたのは、遭難の後、吉野山に逃れてからの話ではなかったか。

　かつて大物川が流れていた跡が細長い緑地に生まれ変わり、歴史の散歩道と名づけられている。毎年八月、

大物主神社。都を逃れた義経一行は、この神社で一泊したのち大物浦へ船出した。当時このあたりは海上交通の要衝だった　＝尼崎市大物町

その一角で尼崎市主催の「尼崎薪能《たきぎのう》」が催される。年によって演目は変わるが、地元ではやはり『船弁慶』が一番人気のようだ。

「月百姿　大物海上月　弁慶」月岡芳年画（西井正氣氏蔵）荒波が船上の弁慶を襲い掛かる大物浦の場面

『平家物語』に登場する平知盛は最後に「見るべきものは見つ」と言い放ち、大きな碇《いかり》とともにざんぶと瀬戸内に入水《じゅすい》する。その知盛の亡霊と果敢に戦い、いまも能の世界で人気者の義経が「見るだけのものはすべて見た」と覚悟を決めるのは、大物からさらに三年半も先のこと。義経主従の長くて苦しい逃亡の旅はまだ緒《ちょ》についたばかりだった。

まだ冬籠る　吉野山

義経と静、永遠の別れ

　氷雨はいつしか雪に変わっていた。片時も傍らを離れまいと、静が懸命についてくる。身重の体をいたわりつつ、義経主従は七曲りの坂道を急いだ。山腹にある蔵王堂《ざおうどう》。その手前の黒門でようやく一息ついた。蔵王権現《ざおうごんげん》に祈りを捧げると、少しは心も安らいだ。

「もうここまで来れば、大丈夫ですぞ。追っ手もよもや気がつきますまい」。弁慶が大声で皆を元気づける。目指す吉水院《きっすいいん》は目と鼻の先だ。大物《だいもつ》沖での遭難からどれほどの時間が経ったことか。一行は難波《なにわ》の四天王寺を経て、ひとまずここ吉野に逃げこんだ。

　義経たちが頼りとした吉野山は古くから修験道《しゅげんどう》が発達したところだ。言い伝えによると、七世紀

義経一行が逃れた吉水神社。当時も雪が降り積もっていた　＝奈良県吉野

後半の白鳳《はくほう》年間に役行者《えんのぎょうじゃ》が金峰山寺《きんぷせんじ》を開山したとされる。最盛時には百を超える堂塔《どうとう》が建ち並び、大勢の衆徒《しゅうと》も抱えていた。吉水院もその僧坊の一つである。

明治期の廃仏毀釈《はいぶつきしゃく》で吉水《よしみず》神社と改まったが、書院には「義経潜居《せんきょ》の間」がいまも残っている。隣り合わせの一畳敷きが「弁慶思案の間」である。ここで義経と静は五日間をともに過ごしている。

「都に春は来れども、吉野はいまだ冬籠《こも》る」――。『義経《ぎけい》記《き》』の「判官、吉野山に入り給ふ事」の章は、こんな書き出しで始まり、相思相愛の仲だった二人にやがて永久の別れが訪れることを暗示する。

頼朝の圧力で「義経追討」の院宣《いんぜん》が発せられ、吉水院にもこれ以上の長居はできなくなった。ここから先、大峰《おおみね》の

「大和国吉野山雪中源義経一山衆徒合戦図」貞秀画　義経は静と別れたあと、吉野の衆徒と戦いつつ吉野の山中を転々とした　＝神奈川県立歴史博物館蔵

山々は女人禁制である。意を決して「とくとく都へ帰り給え」と伝えると、案の定、静は義経の膝《ひざ》に顔を押し当てて泣き崩れた。形見にと与えら

義経が屋根を蹴り上げて追っ手から逃れたことから蹴抜けの塔、または隠れ塔と呼ばれる　＝奈良県吉野・金峰神社境内裏

れた手鏡も、悲しみを深めるだけ。「見るとても嬉《うれ》しくもなし増《ます》鏡《かがみ》恋しき人の影を止めねば」——恋する女はただただ一途である。

「判官思ひ切り給ふ時は、静思ひ切らず、静思ひける時は、判官思ひ切り給はず、互に行きもやらず、帰りては行き、行きては帰りし給ひけり」

「静」上村松園画　＝東京国立近代美術館蔵

書院に残る義経潜居の間。義経と静は追っ手から身を隠し、5日間ともに過ごした　＝奈良県吉野・吉水神社

—愛し合う者の振る舞いは古今東西変わりがない。雪降り積もる山での、切ない別れ。枝を打つ風の音は、静の嗚咽《おえつ》そのものである。静は義経の影の見えるまで立ち尽くし、恋しい人を見送った。

一行と別れた静は、供の者に金銭を奪われ、雪の山中に置き去りにされたあげく、悪僧たちに捕まってしまう。歌舞伎の『義経千本桜』なら、佐藤忠信《ただのぶ》に身をやつした狐の化身《けしん》が忽然《こつぜん》と現れ、静を救い出してくれるのだが、現実は厳しく、そんな奇跡は起こらない。

弁慶思案の間。潜居の間と隣り合わせの一畳敷き＝奈良県吉野・吉水神社

悪僧の強請《ごうせい》で静が舞を舞ったという勝手《かって》神社は、吉水神社から歩いて五分ほどだが、平成十三年（二〇〇一）九月、不審火のため焼失した。境内には舞塚の碑のほかに、吉野をこよなく愛した折口《おりぐち》信夫《しのぶ》（釈 迢空《しゃくちょうくう》）の歌碑が桜の老木のそばに立つ。

吉野山　さくらさく日に　もうで来て　かなしむ心　人しらめやも

満開の桜樹《おうじゅ》の陰に義経と別れた静御前の哀しい幻影を見て、折口も心痛む思いを禁じえなかったのか。

義経が泣き崩れる静と別れた大峰山・女人結界の石碑　＝奈良県吉野

静はその後、都に送還され、さらに鎌倉の頼朝の前に引きずり出される。鶴岡《つるがおか》八幡宮の神前で舞の奉納を命じられた静は「吉野山　峯の白雪踏み分けて　入りにし人の　跡ぞ恋しき」「しづやしづ　しづのをだまき　くりかえし　昔を今になすよしもがな」と舞い歌い、頼朝の不興を買った。憎い敵の前で心にもなく舞うのなら、いっそ思いのたけを歌に託そうと静は考えたのだろう。義経の行方を問われても「知らぬ存ぜぬ」で押し通し、義経への愛を貫いた。やがて鎌倉で出産するが、男子と分かって葬られ、失意のままに都へ戻される。

吉野山中で義経が静と別れたのは文治《ぶんじ》元年（一一八五）十一月の半ば。それからおよそ半年後、比叡山の僧に匿《かくま》われているとの知らせが頼朝のもとに届く。その後も伊勢や奈良・興福寺《こうふくじ》、あるいは鞍馬寺に潜むといった噂《うわさ》が飛び交い、「いずれが真《まこと》か」と頼朝を苛立《いらだ》たせた。

『吾妻鏡《あずまかがみ》』によると、奥州に向かったらしいとの情報が伝わるのは文治三年（一一八七）二月。この間一年余り、義経主従は

吉野山中で捕らわれた静が舞を強制された勝手神社。中央に舞塚が立つ　＝奈良県吉野

歌舞伎『義経千本桜』の内、川連館の場面を描いた錦絵。左端が義経（伊藤友久コレクション蔵）

畿内《きない》周辺の山中を転々としたのだろう。有名な吉野の桜もついぞ見ぬまま、義経は下山したことになる。

吉野山は俗に奥千本《おくせんぼん》、上《かみ》千本、中《なか》千本、下《しも》千本と言われ、全国的にも名高い桜の名所だ。十数万本にも上る山桜が、標高の低い土地から順に開花して、尾根伝いに咲き誇る。平安のころから吉野を詠《よ》んだ和歌は多い。

ところで、芭蕉の門下で異色の俳人とされた各務支考《かがみしこう》の句に「歌書よりも　軍書に悲し　吉野山」がある。

先に見た「義経潜居の間」が残る吉水院は、時を経て、後醍醐天皇南朝の皇居にもなったところだ。その皇子の護良親王《もりながしんのう》は後醍醐天皇に先立ち、この地に立て籠《こも》って、鎌倉倒幕の兵を挙げた。

周囲を急峻《きゅうしゅん》な山々に囲まれた吉野は、

毎年4月の第2日曜日に鎌倉まつりが催され、舞殿で静の舞が奉納される
＝鎌倉市鶴岡八幡宮〈写真提供　鎌倉市観光課〉

不本意にも都を落ちた人々が再起を図る土地でもあった。堅固な要《よう》塞《さい》ともなりうる地形に加え、常に時の勢力と一定の距離を置く衆徒らを頼みに出来たからだ。ただ、義経も護良親王も後醍醐天皇も、志半ばにして歴史の表舞台から遠ざかっていく。支考はそうしたことに思いを巡らし、「歌書よりも」の句を残したのではないか。

富樫の温情　安宅の関

機転利かせ弁慶大芝居

安宅《あたか》の関所跡がある石川県小松市。こまつ芸術劇場「うらら」で小中学生から大人まで毎年、競い合って『勧進帳《かんじんちょう》』の舞台に立つ。

「いかに弁慶、かく行く先々に関所あって、所《しょ》詮陸奥《せんみちのく》までは思いもよらず…」。

歌舞伎の中でも一番人気の『勧進帳』では、義経は凛《りん》とした貴公子である。が、胸中は不安で心細い。山伏姿《やまぶしすがた》に身をやつしても、果たして鎌倉の厳しい追及を逃れ、目指す奥州、藤原秀衡《ひでひら》のもとにたどり着くことができるのだろうかと。

案の定、安宅の関で義経一行は足止めを食った。

ここは兄頼朝が設けた新関の中でも難関中の難関である。山伏姿を目ざとく見つけた関所の役人たちは「問答無益《むやく》、一人《いっちにん》も通すこと、まかりなら

義経逃避行の「勧進帳」の舞台で有名になった安宅の関
＝石川県小松市安宅町

ぬ」「たとえ真の山伏たりとて容赦はなし」と、巌のように立ちはだかる。

弁慶は機転を利かせて、白紙の勧進帳を読みあげた。南都東大寺再興のため諸国を勧進して回る山伏をあくまで装う覚悟である。強力《ごうりき》（荷物持ち）に変身した義経の身分が露見しそうになると、足手まといとばかり、金剛杖でさんざんに主人を打ちすえた。

腕っぷしばかりか知力にも人一倍、長けた弁慶の大芝居だった。必死になって義経を守り抜こうとする。情に厚い関守《せきもり》・富樫《とがし》左衛門は弁慶の誠忠に心打たれ、義経と知りつつもついに関所を通してやる。

〽虎の尾を踏み、毒蛇の口を遁《のが》れたる心地して、陸奥《むつ》の国へぞ下りける――。

最大の見せ場、弁慶が六方《ろっぽう》を踏んで花

富樫の温情　安宅の関

「義経公東下り絵巻」［富樫介］　山伏姿に変した義経一行は安宅の関で怪しまれ詰問されるが、弁慶が南都東大寺再建の偽の勧進帳をよみあげる機転で事なきをえた　＝岩手県平泉・中尊寺蔵

道を引っ込む。筋書きは知っていても、客席には胸をなで下ろし、涙を拭《ぬぐ》う観客も少なくない。

義経主従がこの安宅の関を通ったのは文治三年（一一八七）如月《きさらぎ》のころという。ここで歌舞伎に見るような出来事があったかどうかはともかく、同じ季節に現地を訪ねてみると、その逃避行がいかに大変なものだったか、およその見当はつく。なにしろ風が強い。追われる身にはひとしお厳しかったに違いない。

怒濤《どとう》躍る冬の日本海に面して、小高い砂丘がある。地元では「一つ堂山」といい、頂上に航海安全の神とされた安宅住吉神社が鎮座《ちんざ》する。足元から吹きあげてくる烈風。空を仰ぐと、いつ降り出すか知れぬように暗雲が立ち込

めていた。現在の住吉神社は「難関突破の守護神」と変わり、商売や受験、就職など人生のさまざまな岐路に立つ人々の参詣があとを絶たない。

社務所の脇に勧進帳を両手に広げ、足を踏ん張り、見得《みえ》を切る弁慶の銅像が立つ。境内には弁慶の「智勇」と富樫の「情」を歌に託した与謝野晶子の歌碑も見える。

松たてる　あたかの沙丘　その中に　清きは文治　三年の関

舞台で『勧進帳』を演じた名優をモデルにしたという弁慶・富樫・義経の大きな銅像は砂丘のふもとの浜辺に近い。

実際の義経の奥州下りには謎が多い。捜索の網の目をくぐって逃避行を続けたのだから無理もないが、まず一行の人数からして諸説ふんぷんだ。

歌舞伎の『勧進帳』は主従合わせて六人だが、その原曲である能の『安宅』では流派によって八人から十二人ものシテとツレ、子方《こかた》、狂言方が登場する。『義経記《ぎけいき》』には十六人とあり、加賀前田家に伝えられた古文書には何と山伏姿三十余人にものぼったとある。しかも能や歌舞伎の登場人物はいずれも男ばかりだが、『義経記』など古典の記述には義経の北の方（河越重《かわごえしげ》頼《より》の娘）も同行したとある。

逃避ルートとなると、もっとあやふやだ。『義経記』にそって、とりあえ

富樫の温情　安宅の関

歌舞伎の人気演目「勧進帳」の錦絵。中央に弁慶、右に富樫。義経は左から2人目
（伊藤友久コレクション蔵）

ず安宅の関に至るまでの足跡をたどってみよう。

一行は近江国を経て、愛発《あらち》の関《せき》（福井県敦賀市）を通過、加賀白山《はくさん》の南麓にある越前国平泉寺《へいせんじ》（福井県勝山市）に立ち寄った。平泉寺は八世紀初めに泰澄《たいちょう》大師によって開かれたと伝えられ、明治の廃仏毀釈《はいぶつきしゃく》で白山神社と改まるが、平安末期には山岳信仰の拠点の一つとして多数の僧兵軍団を抱える一大勢力に成長していた。

叡山との関わりも濃く、延暦寺で修行した弁慶が休息場所にこの地を推したとしても不思議ではない。さらに見逃せないのは奥州藤原氏とのつながりが深いこと。とくに秀衡は白山権現《はくさんごんげん》の熱烈な信者だったとされ、平泉寺に仏像を寄進したという記録も残っている。

JR福井駅でえちぜん鉄道に乗り換え、約五十分。終点の勝山駅から車で十分も走ると、白山神社にたどり着く。参道の手前に義経主従が一夜を明かしたという観音堂がある。

平泉寺最盛期に三十六を数えた御堂の内、唯一、現在まで残った。建物は後に建て替えられたが、観世音菩薩は当時の作と推定される。高さ一メートル、豊かな頬に太い鼻筋の通った、どこか温かみのある木彫像だ。義経にすれば、父とも恃《たの》む秀衡の姿とだぶらせて、しばし安息のひと時を過ごせたはずである。

義経主従はその後、安宅の関を越え、越中《えっちゅう》に入って、如意《にょい》の渡しで乗船する。『義経記』には渡し守に怪しまれた義経を、弁慶が散々に打ち、窮地を脱したと記されている。愛発の関でも色白な義経が見咎《みとが》められるが、そこでも弁慶は慌てることなく、堂々とした振る舞いで関守たちの糾《きゅう》

白山神社。かつてはこの地に平泉寺があった。義経一行が泊まったとされる観音堂が近くに残る＝福井県勝山市平泉寺町

富樫［右］と弁慶［中央］、山伏姿の義経［左］の像　＝小松市安宅町

弾《だん》を巧みにすり抜けた。

　そうした話が原型となり、能の『安宅』が生まれ、歌舞伎の『勧進帳』へと発展していったようである。義経は歌舞伎なら座頭《ざがしら》役者より二枚目の役どころ、能では子方が務め、主役（シテ）は弁慶へと、二人の立場も逆転してしまう。

　如意の渡しから後は、越後《えちご》から出羽《でわ》へたどったという陸路説と、能登から佐渡を経て、越後と出羽の境界にある念珠《ねず》（鼠《ねず》）ケ関《がせき》へ渡ったという海路説に、後世の史家の意見は分かれる。伝説の地は後者の海上ルートの方に多く残っているが、しかとした証拠はない。

　いずれにせよ出羽の国まで来れば、もう秀衡《ひでひら》の勢力圏である。最上川《もがみがわ》をさかのぼった義経主従は、平泉《ひらいずみ》入りを前に瀬見《せみ》温泉で長かった艱難辛苦《かんなんしんく》の旅の疲れを癒やしたという。

「亀若丸の産湯」

— 山形県最上町・瀬見温泉 —

　平泉を目指して義経一行が逃亡中、北の方が産気づいたので弁慶は産湯を探し、岩を長刀でたたき割ると温泉が湧き出した。長刀が「せみ丸」だったので、以来、この地を瀬見温泉と呼ぶようになった。

夕照の最上川。海路、陸路をとりながら艱難辛苦の末、ようやく陸奥の地を踏んだ義経一行。川の流れをたどって平泉へ向かったのか　＝山形県

義経 非業の最期

自刃、高館を朱に染めて

安宅《あたか》を過ぎても、義経主従の艱《かん》難辛苦《なんしんく》の旅が続く。『義経記《ぎけいき》』はその旅程を詳しく記しているが、それを追うのはやめよう。ただ、山形県最上《もがみ》郡と新庄《しんじょう》市の境にある亀割山《かめわりやま》で、妻・河越重頼《かわごえしげより》の娘が一女を産んだとあるのを記すにとどめる。

秀衡《ひでひら》は落ち延びてきた義経を温かく迎えた。剃髪《ていはつ》して僧体になっていたが、昔に変わらぬ温顔で失

弁慶［左］と義経［右］を祀る弁慶堂　＝岩手県平泉・中尊寺

意の義経を慰め、宴席をはり、所領《しょりょう》を贈り、北《きた》上川《かみがわ》を見下ろす高台に義経のための館（高館《たかだち》）を建てた。だが、義経の消息はすぐに鎌倉の知るところとなる。

文治《ぶんじ》三年（一一八七）二月十日の『吾妻鏡《あずまかがみ》』は「（義経）奥州ニ赴《おもむ》ク、コレ陸奥守《むつのかみ》秀衡入道ノ権勢《けんせい》ヲ恃《たの》ムニヨッテナリ、妻室《さいしつ》・男女ヲ相具《あいぐ》シ、ミナ姿ヲ山臥《やまぶし》ナラビニ児童等ニ仮ルト云々《うんぬん》」と記している。この知らせは、頼朝を喜ばせた。

平氏を滅ぼし、西国にも勢力を及ぼしたいま、鎌倉の敵はもはや奥州藤原氏だけだ。秀衡が義経を庇護《ひご》するなら、奥州攻めのいい口実になる。だが、頼朝はことを急がず、朝廷から義経追捕《ついほ》の宣旨《せんじ》を矢継ぎ早に平泉に送らせながら、慎重にその時期を計っていた。

この年の十月二十九日、秀衡が死んだ。『吾妻

衣川古戦場跡。泰衡の軍勢を防ぐため奮戦した弁慶が、立ったまま死んだといわれる「弁慶立ち往生」の場でもある　＝岩手県平泉・衣川

義経公東下り絵巻「平泉入り」　泰衡の先導で平泉に入る義経一行。絵図の左に出迎える秀衡が描かれている　＝岩手県平泉・中尊寺蔵

鏡』などによると、臨終の床に一族を集めた秀衡は、義経と長子国衡《くにひら》、後継の泰衡《やすひら》に起請文《きしょうもん》を書かせて異心なきを誓わせ、義経を大将軍として兄弟力を合わせ、鎌倉に対峙《たいじ》するよう遺言したという。『義経記』が描く義経の嘆きの言葉に耳を傾けてみよう。

「境遥かなる道を分けて、これまで下りつるも入道どのを頼みてこそ候ひつれ。父義朝には二歳にて別れ奉りぬ。母は京におはすれども、平家と一つにおはすれば、互いに快からず。兄弟ありとは聞けども、幼少より方々に在りて行方を知らず。いかなる親の嘆き子の思ひもこれには争で勝べき。羽なき鳥、根枯れたる木もかくや」「義経の運の窮《きわ》めぞと覚えたり」―。父とも恃《たの》んだ秀衡の死は義経を打ちのめした。

　翌年の二月と十月にも、義経追捕の宣旨が泰衡《やすひら》に届く。父の遺訓《いくん》にも関わらず泰衡が動揺し、義経に心寄せる弟たちとの対立が深まっていく。関

「義経公東下り絵巻」秀衡の館で長い逃避行の疲れを癒やす義経［左上］と弁慶らの家臣。画面中央に秀衡　＝岩手県平泉・中尊寺蔵

白九条兼実《かねざね》の日記『玉葉《ぎょくよう》』の文治五年（一一八九）一月十三日に、比叡の悪僧・千光坊を召しとったところ、義経が京に還るという消息を持っていたとの記述がある。泰衡との間にすきま風が吹いて、義経にとって平泉も安住の地ではなくなったことを示唆《しさ》する情報だ。二月十五日、泰衡は義経を慕っていた末弟の錦戸《にしきど》太郎頼衡《よりひら》を殺す。風雲は急を告げてきた。

泰衡の軍勢数百騎が義経の高館《たかだち》を急襲したのは、四月三十日だった。武蔵坊弁慶を初めとする十人ばかりの郎党《ろうとう》が必死に防戦に当たった。『義経記』によると、常陸坊海尊《ひたちぼうかいそん》ら十一人は近くの山寺に参拝に出かけて戻ってこない。衆寡《しゅうか》敵せず。伊勢三郎が討たれ、亀井六郎が討たれ、義経股肱《ここう》の勇士たちは、朱に染まって倒れていく。衣川《ころもがわ》の河原に下りて、獅子奮迅《ししふんじん》の働きをした弁慶も全身に矢を受け、寄せ手の軍兵《ぐんぴょう》をにらみすえて絶命した。世にいう弁慶の立往生である。

持仏堂《じぶつどう》に籠《こも》った義経は、堂外の騒ぎなど知らぬげに、ひたすら法華経を誦《とな》えている。少年の日、兄弟のように睦《むつ》んだ泰衡を恨みに思う気持ちはない。戦うつもりなら、頼衡《よりひら》らと語らって先に兵を挙げることもできた。「もうよい」と義経は思う。妻子と過ごしたこの二年ばかり、穏やかな心安らいだ日々だった。臨終の秀衡に差し出した起請文を泰衡は反故《ほご》にしたけれど、自分は父と慕った人に背《そむ》くことはすまい。

討っ手の声が近づく。もう猶予《ゆうよ》はない。義経は鞍馬の別当《べっとう》から授けられた六寸五分の守り刀で妻と娘を刺し、持仏堂に火を放ち、自らも自《じ》刃《じん》して三十一歳の生涯を終えた。

月見坂の入り口にある弁慶の墓＝岩手県平泉

義経の首は黒漆《こくしつ》の櫃《ひつ》に納められ、美酒に浸して鎌倉に送られた。『吾妻鏡』は「観ル者ミナ双涙《そうるい》ヲ拭《ぬぐ》ヒ、両《りょう》衫《さん》ヲ湿スト云々」―と義経の首実験のようすを描く。頼朝の勘気《かんき》を蒙《こうむ》って非業の死を遂げた英傑《えいけつ》を、鎌倉の諸将が涙で悼《いた》んだのだ。せめてもの義経の果報《かほう》だったといえようか。

義経を討つことで奥州の安堵《あんど》を願った泰衡の思惑は、あまりに甘かった。義経の死後三

毛越寺・観自在王院復元模型〈岩手県立博物館　提供〉

カ月を経ずに、頼朝は法皇に泰衡追討の宣旨を請い、七月十九日に自ら二十八万余の軍勢を率いて鎌倉を出発した。

迎え撃つ奥州軍は十七万余騎。八月八日、両軍は阿津賀志山《あつかしやま》（福島県伊達郡）で激突。戦闘は四日に及んだが、泰衡は敗れて平泉に戻り、伽羅御所《きゃらごしょ》などを焼き払い、さらに北へ敗走した。

九月三日、藤原家累代の郎従・河田次郎が泰衡を殺し、その首を鎌倉の陣営に届けた。まだ三十五歳の、哀れな末期《まつご》。その首は、金色堂《こんじきどう》内の須弥壇《しゅみだん》に安置された秀衡の棺の中に納められている。

頼朝は権謀を尽くし、義経の死を引き換えにして、源頼義《よりよし》・義家《よしいえ》・為義《ためよし》ら祖先が深い関わりをもった宿縁の地を我が手に納めた。「私の宿意《しゅくい》で誅亡《ちゅうぼう》した」と語った頼朝の胸中に去来したのは、いかなる思いだったのだろう。

判官館《ほうがんやかた》とも呼ばれる高館《たかだち》跡は、北上川を眼下に眺め、対岸に束稲山《たばしねやま》を望む丘陵にある。束稲山

高館に祀られている義経堂。凜々しい武者姿の義経像が安置されている　＝岩手県平泉

の山腹には、大文字送り火の「大」の字が描かれている。

平泉きっての景勝の地にあるこの高館で、義経は若い晩年を過ごした。義仲を討ち、西海に平氏を破った戦いの日々を追想し、頼朝との心ならずもの確執《かくしつ》に胸を痛め、流浪のすえにたどり着いた秀衡の寛仁《かんじん》の懐に感謝し、京をしのび、母を恋いながら…。やがて、頼朝への宿怨《しゅくえん》も消え、こころ穏やかな諦観《ていかん》の日々が義経に訪れていたと思いたい。

「義経画像」　＝岩手県平泉・中尊寺蔵

旧覆堂横に立つ芭蕉像　＝岩手県平泉・中尊寺

北上川の流れが底をうが

ち、かつての広さを失った丘陵に、簡素な義経堂が建っている。仙台藩主伊達《だて》綱村が建立した堂内には、甲冑《かっちゅう》姿の凛々《りり》しい義経像が安置されていた。丘陵にはまた、北上川・衣川などの古戦場を眺めやって芭蕉が詠んだ「夏草や　兵《つわもの》どもが　夢の跡」を刻んだ句碑が立っている。

無量光院跡の碑。宇治の平等院を模して造られたといわれ、かつては広大な浄土庭園があった　＝岩手県平泉

　戦火で焼けた柳之御所《やなぎのごしょ》や伽羅御所は、いまはその位置を示すのみ。「荘厳わが朝無双《ちょうむそう》」と評された毛越寺《もうつうじ》は寺域こそ整備されたが、絢爛《けんらん》とした堂塔は失われた。無量光院《むりょうこういん》もその跡地の松だけが往時をしのばせるだけだ。藤原文化をしのぶ手触りは、中尊寺にしか残されていない。「三代の栄耀《えいよう》一寸の中にして」という芭蕉の詠嘆が心に染みる。

「奥州入りの拠点」

―宮城県栗駒町・栗原寺・「義経記」「吾妻鏡」による―

　義経が頼朝に追われ、藤原秀衡を頼って「東下り」の際、栗原寺に一泊したという。泰衡の迎えが来た時、義経は同寺で衣裳を整え、僧兵50人の護衛を従えて平泉入りをし、秀衡と対面したという。

北行伝説の巻

時空を超えて生きる英雄

義経愛惜　北行伝説

「英雄不滅」の心情を映す

悲劇性を帯びていることが、英雄として伝説に残る必須《ひっす》の条件である。成功し勝ち誇ったままの生涯を送った人物に、民衆が想いを寄せることはない。勢威《せいい》を誇った日々が一転して落魄《らくはく》の日々に変わる—それこそが民衆の愛惜《あいせき》する物語。得意のときと失意のときの落差が大きいほど、英雄としての存在感はいや増すのだ。源義経はその要件を満たす人物として、長く日本人に愛されてきた。

北行伝説は、まさにその所産《しょさん》である。

文治《ぶんじ》四年（一一八八）の春、郎党《ろうとう》の杉目太郎《すぎのめたろう》を影武者として高館《たかだち》に残し、妻子や弁慶らを伴った

荒れる津軽海峡を目前に義経が三日三晩観音に祈ると、海が静まり洞穴に３頭の龍馬がつながれていた。観音様のお導きと喜び、一行はこの馬で蝦夷へ渡ったと伝えられる　＝青森県三厩村・三厩石

義経愛惜　北行伝説

北海道の義経伝説を代表する義経神社。北行伝説のロマンを感じられる義経資料館も併設されている　＝北海道平取町・義経神社

義経は密《ひそ》かに平泉《ひらいずみ》を出奔《しゅっぽん》した。束稲山《たばしねやま》を越えて、遠野《とおの》―釜石《かまいし》―宮古《みやこ》―久慈《くじ》―八戸《はちのへ》と道をとり、津軽半島の三厩《みんまや》から舟で北海道へ。さらに樺太《からふと》からシベリアまで渡った―というのが、義経一行の道程とされている。果ては、元《げん》のジンギスカンを義経と同一人物とするまでに、英雄伝説は発展する。

義経生存説はかなり早く、室町時代から語られていたらしい。不遇の死を惜しむ庶民感情が生み出したのだろうが、義経の首が一カ月余もかけて鎌倉に送られたという史実も首実検の確かさを疑わせ、替え玉説の有力な根拠となった。

生存説は江戸時代にはことに喧伝《けんでん》された。可足権僧正が津軽《つがる》公の下問《かもん》に答えた『可足記』には「判官狄《てき》（蝦夷）ケ島に漂着して再び帰り申さず候由《そうろうよし》」「金国（中国）へ渡り候由」などと記されている。『義経勲功記《くんこうき》』などの大衆的な読み物も生存説を伝え、徳川光圀《みつくに》も『大日本史』に「則《すなわ》ち

中村判官堂

義経が中村の地にある八幡家に滞在し、立ち去る際に何かお礼をしようと鉄扇などを置いていった。八幡家の先祖がこの地に祠を建て義経を祀ったという。

風呂家

心身ともに疲れきった義経一行は、遠野の家でお風呂のもてなしをうけた。義経は親切な接待に心うたれ、「風呂」の姓を与え、今もその子孫が暮らしている。

判官森

鎌倉の目をくらますため背格好のよく似た杉目太郎が義経の身代わりとなって自刃した。この地に太郎の墓を建てたと伝わるが、義経の墓という説もある。

束稲山

義経は自害する一年前に影武者をつくり、わずかな供を連れ、平泉を抜け出していたという。高館からひそかにこの山を越え、長い旅に出たのが北行伝説の始まりとなる。

義経愛惜　北行伝説

義経寺

三厩石で荒れ狂う海を静めるために祈った小さな観音像を、後に円空上人がお告げにより探しあてた。円空はこの地に草庵を結び、霊験あらたかな像を祀ったのが寺の起こりという。

熊野神社

平泉を脱した義経一行は気仙の港から三陸沖を北上し、八戸に上陸したという海上ルート説もある。その説によるとこの地で船旅の疲れを癒やしたといわれている。

箱石判官神社

義経と生死をともにしながら北へ旅立った家来の一人、山名氏の本地である。ひとときの安住の地として仮の館にしたという。

黒森神社

黒森という名は義経がこの森に隠れ住んだことから人々が「九郎の森」と呼んだと伝わる。一行は追討の目を逃れるため、しばらくここで身を潜めていたという。

義経神社

義経一行は、蝦夷地に渡った後に、アイヌ民族が集落を営んでいたピラトリ（現・平取町）にたどり着き歓待を受けた。滞在中に集落を外敵から守ったことから「ハンガン（判官）カムイ（神様）」と尊称された。

義経、偽《いつわ》り死して遁《のが》れ去りしか。今に至るも夷人《いじん》、義経を尊崇《そんすう》し、祀《まつ》りて之《これ》を神となせり」と、根強い生存説が世間に流布《るふ》していたことを紹介している。新井白石《あらいはくせき》が『与安積澹《あさかたん》泊《ぱく》書』で明確に北行伝説を否定した後も、伝説は飽くことなく語り伝えられた。

　岩手や青森、さらに北海道にも、義経主従の足跡を示す建造物・伝説・地名が数多く残されている。一行が立ち寄った江刺《えさし》市田原の弁慶屋敷跡、投宿《とうしゅく》の謝礼に鈴木三郎の笈《おい》を残した多聞寺《たもんじ》跡、気仙《けせん》郡に残る判官山《ほうがんやま》や黒山（九郎山）の地名、疲労で倒れた義経の愛馬を祀る遠野《とおの》の駒《こま》形《がた》神社など、数えあげればばきりがない。釜石《かまいし》市中村の判官堂《はんかんどう》には衣冠束帯《いかんそくたい》の義経の石像が安置されており、三厩には義経が海路の平安を祈って岩上に安置した聖観音を本尊とする義経寺《ぎけいじ》が建てられた。北海道にも一行が上陸したとされる松前《まつまえ》郡松前町に義経山欣求院《ぎけいざんごんぐいん》跡があり、西岸の弁慶岬をはじめとして義経主従に関わる地名が実に五十三カ所も残されているのだ。

他愛《たあい》もないと笑い捨てるには、残された伝説は生々しい相貌《そうぼう》をもっている。逃避行が真実であるとは思わない。だが、兄の頼朝に追われ、知遇《ちぐう》を受けた後白河法皇にも見捨てられ、父とも恃《たの》んだ藤原秀衡《ひでひら》を失った義経が、遠く北方の土地に生きる夢をつないだと考えるのは、必ずしも突飛《とっぴ》なことではないだろう。

北国の冷たい風雨、激しい北海の波浪《はろう》。それに堪《た》えて新天地を目指した悲運の英雄。痛ましいが颯爽《さっそう》とした義経像を造形して賞揚《しょうよう》することは、勝者の奢《おご》りを憎む民衆の願望にも叶《かな》っていた。人々は自分たちの心に叶う伝説を生み出し、土地の説話として大切に語りつぎ、実在の山や森や岬を伝説の地にあてがい、物語に見合う社寺や堂祠を後付けで誕生させた。それがまた伝説のリアリティーを増幅させたのだろう。

勝者の歴史という側面をもつ〈正史〉は、ときに史実を歪曲《わいきょく》する。その事実に思い至ったとき、民衆が伝えてきた伝説にこそむしろ信を置きたいという思いがよぎる。北行伝説には庶民の夢が託されており、庶民の心情を色濃く映しているのは確かなのだから。そうした伝説もあずかって、義経は時空を超えて今を生きている。

腰越状

左衛門《さえもんの》少尉《しょうじょう》源義経《みなもとのよしつね》乍恐《おそレながラ》申上《もうシあゲ》候《ソウロウ》。意趣《い しゅ》者《ハ》被撰《えらばレ》御代官《おんだいかんノ》其一《そノひとツニ》為勅宣《ちょくせんノ》之御使《おんつかいトシテ》傾《かたぶケ》朝敵《ちょうてきヲ》顕《あらわシ》累代《るいだい》弓箭《きゅうせん》之《ノ》芸《げいヲ》雪《すすグ》会稽《かいけいノ》恥辱《ちじょくヲ》。可被《こうむルベキ》抽賞《ちゅうしょうヲ》之《ノ》処《ところ》思外《おもイノほか》依《よッテ》虎口《ここうノ》讒言《ざんげんニ》被黙止《もくし セラル》莫大《ばくだい》之《ノ》勲功《くんこうヲ》。義経《よしつね》無犯《おかスコト なクシテ》而蒙咎《とがヲ こうむリ》有功《こう ありテ》雖無誤《あやまりなシトイエドモ》蒙御勘気《ごかんきヲ こうむル》之《ノ》間《あいだ》空《むなシク》沈紅涙《こうるいニ しずム》。倩《ツラツラ》案事《ことノいヲ》意《あんズルニ》良薬《りょうやく》苦口《くちニ にがシ》忠言《ちゅうげん》逆耳《みみニ さからウトハ》先言《せんげん》也《ナリ》。因茲《これニよッテ》不被紏《ただサレズ》讒者《ざんしゃノ》実否《じっぴヲ》不被入《いレ》鎌《かまくらじゅうニ》倉《ラレザル》中之《ノ》間《あいだ》不能述《のブルコト あたワズ》素意《そいヲ》徒《いたずらニ》送数日《すうじつヲおくレリ》。当于此時《こノ ときニ あたリテ》永《ながク》不奉拝《はいシタテマツラズ》恩顔《おんがんヲ》。骨肉《こつにく》同胞《どうほう》之《ノ》儀《ぎ》既《すでニ》似空《むなシキニ にタリ》。宿運《しゅくうん》之《ノ》極《きわマル》処《ところ》歟《カ》

将《ハタ》又《マタ》感先世《せんぜ》之《ノ》業因《ごういんヲ かんズル》歟《カ》悲《かなシキ》哉《カナ》。此条《この ジョウ》故亡父《こ ぼうふノ》尊霊《そんれい》不再誕《さいたんシ》給《たまワズンバ》者誰人《たれひとカ》申被愚意《ぐいノ》之悲歎《ひたんヲ もうシ》何《ひらキ》輩《いずレノ ともがらカ》垂哀憐《あいりんヲ》哉《たレンヤ》。事新《ことあらたナル》申状《もうシじょう》雖似述懐《じゅっかいニ にタリトイエドモ》義経《よしつね》受身体《しんたい》髪膚《はっぷヲ》於父母《ふぼニ》不経《うケ》幾《いくバク》時節《ノ じせつヲ へズ》故《こ》頭殿《こうのとの》御他界《ご たかい》之間《ノ あいだ》成無実之子《み なキノ こト なり》被抱母之《はは ノ かいちゅうニ》懐中《いだカレ》赴大和国《やまとの くに》宇多郡《うたの こおり》竜門《りゅうもんノ》牧《まきニ おもむキシヨリ》之以来《コノカタ》一日片時《いちにち へんしトシテ》不住安堵《あんどノ》之思《おもイニ じゅうセズ》。雖存《かいナキ いのち》無《ばかリヲ》甲斐《ながらウト》之命《イエドモ》許京都《きょうとノ》之経廻《けいかい》難治《なんじ》之間《ノ あいだ》令流《しょこくヲ》行《ながレ》諸国《いカシメ》隠身《みヲ》於在々《ざいざい》所々《しょしょニ かくシ》為栖辺土《へんど》遠国《おんごくヲ すみかトナシ》被服仕《どみん》土民百姓《ひゃくしょうらニ》等《ふくじセラル》。然而《しかルニ》幸慶《こうけい》忽《たちまチ》純熟《じゅんじゅくシテ》而為平家《へいけ》一族《いちぞく》追討《ついとうノ ために》

源義経、恐れながら申し上げます趣旨は、鎌倉殿の代官に選ばれ、天皇のお使いとして平家を滅ぼし、父の恥をすすぎました。恩賞があるべきはずなのに、告げ口（梶原景時）によって勲功をいただけないばかりか、お咎めを受け涙に血がにじむ思いです。その事実を正されず、鎌倉入りもかないませんので、私の思いを伝えられないまま、いたずらに数日を過ごしています。

長く（頼朝公にも）お会いできず、骨肉をわけた兄弟の関係がすでに絶え、これも前世からの運命か悲しいことであります。

私は幼いころに父を失い、母に抱かれて大和国宇多郡竜門の牧に逃れてから、ひとときも安堵した日はありません。身をいろいろな所に隠し、遠国を住居にして百姓らに奉仕させられました。

しかし、機が熟して平家一族追討のため上洛し、手初めに木曾義仲を討ち果たした後、平家を滅ぼすため、ある時は岩石に駿馬を鞭打ち、大海に風波を乗

令上洛《じょう‐らくセシメン》之。手《て》合《あわセニ》誅戮《ちゅう‐りゃくスル》木曾《きそ》義仲《よしなかヲ》
之《ノ》後《のち》為《ためニ》責《せメ》傾《かたブケン》平氏《へいじヲ》或時《あルときハ》峨々《が‐がタル》巌石《がん‐せきニ》
策《ムチウチ》駿馬《しゅん‐めヲ》不顧《かえリミズ》為《ためニ》敵《てきノ》亡《ほろぼサンヲ》命《いのちヲ》或時《あルときハ》漫々《まん‐まんタル》
大海《たい‐かいニ》凌《しのギ》風波《ふう‐は》之《ノ》難《なんヲ》不痛沈《しずメ》身《みヲ》於海底《かい‐ていニ》
懸《かクルヲいたマザリキ》骸《なきがらヲ》於鯨鯢《げい‐げい》之《ノ》鰓《あぎとニ》。加之《シカノミナラズ》為甲冑《かっ‐ちゅうヲ》
於枕《まくらトナシ》為弓箭《きゅう‐せんヲ》於業《わざトナス》本意《ほい》併《あわセテ》奉《たてまつリ》休《やすメ》亡魂《ぼう‐こんノ》
憤《いきどおリヲ》欲《ほっスル》遂《とげンント》年来《ねん‐らいノ》宿望《しゅく‐ぼうヲ》之《ノ》外《ほか》無他事《たじナシ》。
剰《アマッサエ》義経《よしつね》補任《ぶ‐にんスル》五位尉《ごいの じょうニ》之《ノ》条《じょうハ》当家《とう‐け》之《ノ》
面目《めん‐ぼく》希代《き‐たい》之《ノ》重職《ちょう‐じょく》何事《なにごとカ》加《しかんや》之《これニ》哉。雖《しかり》
然《トイエドモ》今《いま》愁《うれイ》深《ふかク》歎《なげキ》切《せつナリ》。自《ヨリ》非《あらザル》仏神《ぶっ‐しんノ》御助《おたすケ》之《ニ》
外《ほか》者《ハ》争《イカデカ》達《たっセン》愁訴《しゅう‐そヲ》。因茲《ここニより》以《もっテ》諸神《しょ‐しん》諸《しょ‐しゃ》
社牛王《ご‐おう》宝印《ほう‐いん》之《ノ》裏《うらヲ》全《まったク》不挿《さシハサマザルノ》野心《や‐しんヲ》之旨《むね》
奉《たてまつリ》請《こイ》驚《おどろカシ》日本国中《にっ‐ぽん‐こく‐じゅう》大小《だい‐しょうノ》神祇《じん‐ぎ》冥道《みょう‐どうヲ》雖

書進《かキまいラストイエドモ》数通《すう‐つうノ》起請文《き‐しょう‐もんヲ》猶《なお》以《もっテ》無《なシ》御宥免《ご‐ゆう‐めん》。
其《それ》我《わが》国《くにハ》神国《しん‐こく》也《ナリ》。神《かみハ》不可《べカラズ》稟《うク》非礼《ひ‐れいヲ》。
所憑非于他《たのムところハほかニあらズ》。偏《ひとえニ》仰《あおギ》貴殿《き‐でん》広大《こう‐だい》之《ノ》御慈悲《ご‐じ‐ひヲ》
伺《うかガイ》便宜《びん‐ぎヲ》令達《たっセシメ》高聞《こう‐ぶんニ》被廻《めぐラサレ》秘計《ひ‐けいヲ》被優
無《ナキ》誤《あやまリ》之旨《むねヲ》預《あずカラバ》芳免《ほう‐めんニ》者及積善《しゃく‐ぜん》之《ノ》余《よ‐けいヲ》
慶於家門《か‐もんニ》永《ながク》伝《つたエ》栄花《えい‐がヲ》於子孫《し‐そんニ》仍《よッテ》開《ひらキ》
年来《ねん‐らい》之《ノ》愁眉《しゅう‐びヲ》得《えン》一期《いち‐ご》之《ノ》安寧《あん‐ねいヲ》。不書《かキ》
尽《つクサズ》詞《ことばニ》。併《あわセテ》令省略《しょう‐りゃくセシメ》候畢《ソウライおワンヌ》。欲《ほっス》被垂《たレラレンコトヲ》賢察《けん‐さつヲ》。
義経《よしつね》恐惶《きょう‐こう》謹言《きん‐げん》。
元暦《げん りゃく》二年五月日
左衛門少尉《さえもんのじょうじょう》　源《みなもとの》　義経《よしつね》
進上《しん じょう》　因幡前司殿《いな ばの ぜん じ どの》
（大江広元）

り越え、敵のために命もかえりみずに戦ってきました。

甲冑を枕として弓矢を業としたのも、本意は人々の魂の憤りを休め、年来の宿望を遂げんとする思いからです。

その上、義経は五位尉に任じられたことは、源家にとって面目も立ち、名誉なことでもありましょう。

しかし、今は悲しみと嘆きでいっぱいです。仏や神にすがる以外に、この悲しい訴えを聞き届けてはいただけません。

そこで諸神諸社の牛王宝印（護符）の裏に野心を抱いてない旨の起請文を数通書きましたが、いまだお許しいただけません。

他に頼めるところはありません。貴殿（大江広元）のお慈悲を仰ぎ、（頼朝殿の）お耳に入れて頂き、もしお許しを頂ければ、善行を及ぼしたことによって当家に幸福が訪れ、栄華を末永く子孫に伝えることができます。

私の思いは書き尽くせませんがご賢察ください。

（責・編集部）

年表

年代	月日	事歴
一〇五二（永承七）年		藤原頼通、宇治別業を寺と改め平等院と号する。この年、末法第一年に入るという。
一〇八七（寛治元）年		源義家、清原家衡・武衡を討伐。
一一〇五（長治二）年		藤原清衡、平泉に最初院（中尊寺）を建立。
一一一六（永久四）年		平泉毛越寺の庭園がこの頃完成。
一一四〇（保延六）年		佐藤義家出家。西行と名乗る。
一一四七（久安三）年		源義朝の三男として頼朝誕生。
一一五三（仁平三）年		平忠盛没す。平清盛、家督を継ぐ。
一一五六（保元元）年		鳥羽法皇没。保元の乱がおこる。源義朝と平清盛が武勲をあげる。
一一五九（平治元）年		源義経誕生。 平治の乱がおこる。源義朝らが挙兵、清盛に敗れる。
一一六〇（永暦元）年		平治の乱で敗れた義朝の首が東獄門にさらされる。 頼朝、伊豆国蛭ケ小島に配流される。
一一六四（長寛二）年		崇徳上皇没す。平氏一門が厳島神社に法華経を奉納（平家納経）。 清盛が三十三間堂（蓮華王院）を造営。
一一六七（仁安二）年		清盛が太政大臣となる。
一一六八（仁安三）年		清盛が病のため出家。平氏全盛の時が続く。高倉天皇が即位。
一一六九（嘉応元）年		義経（十一歳）このころ鞍馬寺に入る。
一一七〇（嘉応二）年		藤原秀衡が鎮守府将軍に任ぜらる。
一一七一（承安元）年		高倉天皇が元服。清盛の女徳子が入内。
一一七二（承安二）年		平徳子が中宮となる。
一一七三（承安三）年		文覚が伊豆国に配流となる。
一一七四（承安四）年	三月三日	義経（十六歳）このころ鞍馬を抜け出し奥州へ。
一一七七（治承元）年		後白河上皇の近親藤原成親、僧俊寛らが平氏討伐を謀議（鹿ケ谷事件）。 俊寛らが鬼界ガ島に流罪。

年表

一一七八（治承二）年		中宮徳子に皇子（安徳天皇）が誕生。
一一七九（治承三）年		清盛、関白以下四十三人の官職を停止。さらに後白河法皇を鳥羽殿に幽閉。
一一八〇（治承四）年	四月	以仁王、源頼政が反平氏の挙兵。宇治川の合戦で敗れる。
	六月	福原京へ遷都。
	八月十七日	頼朝が文覚上人に促され、以仁王の令旨を受け伊豆で挙兵。
	九月	木曾義仲も信濃国で挙兵。
	九月	平維盛、源頼朝追討のため京を進発。
	十月二十日	平氏と源氏が富士川で対決。水鳥の羽音に驚いた平氏が逃亡。
	十月二十一日	義経（二十二歳）、黄瀬川の陣で頼朝と対面。
	十一月	清盛、福原の都を京に戻す。
	十二月	清盛、後白河法皇の幽閉をとく。
	十二月	平重衡・通盛が奈良の興福寺・東大寺を攻め焼き払う。
一一八一（治承五）年	一月	高倉上皇没。後白河法皇が院政を再開。
	二月	清盛、病で死去、六十四歳。
（養和元）年		京で大飢饉がおこり、餓死者数万人に達する（養和の大飢饉）。
	八月	秀衡に頼朝追討の宣下。
一一八三（寿永二）年	三月	頼朝が義仲追討のため兵十万騎を信濃国へ。
	四月	平維盛・通盛が反乱軍追討のため北陸道へ。
	五月	義仲が越中・倶利伽羅峠で平家を破る。
	七月	後白河法皇、鞍馬に逃げ、その後比叡山に御幸。
	七月	平氏一門が安徳天皇を奉じ都落ち、福原の内裏を焼き西海へ向かう。
		義仲・行家が入京、後白河法皇の宣旨を受け西国に向かうが敗走。
	十月	後白河法皇が頼朝に東国支配の院宣。
	十月	平氏一門が九州から屋島に。
	十月	義仲が備中で、行家が播磨国で平家軍に敗れる。
	十一月	義仲、後白河法皇の法住寺殿を攻め法皇を幽閉。
		義仲、平家に和睦の使者。
一一八四（寿永三）年	一月十日	義仲、征夷大将軍に任じられる。

年代	月日	事歴
	一月二十日	源範頼・義経が宇治川で義仲を破り入京。
	一月二十日	義仲、近江の粟津で敗死。
	一月二十六日	頼朝、後白河法皇から平家追討の院宣を下される。
		平家が一ノ谷に陣を構える。
	二月六日	義経が三草山の平資盛陣を夜襲、一ノ谷に迫る。
	二月七日	一ノ谷の戦。範頼軍が生田の森で平家と合戦。
	二月七日	義経、鵯越から一ノ谷の平家を急襲。平氏は海に逃れ屋島に向かうが通盛・忠度・敦盛・知章らが討ち死に、重衡は捕らえられる。
		維盛は屋島を逃れ出家するが、那智沖で入水。
		三種の神器と重衡の交換を平家が拒否。重衡は梶原景時が鎌倉へ護送。
（元暦元）年	八月	義経、左衛門少尉に任じられ検非違使となるが、頼朝の怒りを買う。
	九月	範頼、平氏追討を頼朝から命じられ西国へ。
一一八五（寿永四［元暦二］）年	二月十六日	源氏軍が摂津に船ぞろえするが義経と梶原景時が逆櫓について争う。
	二月十七日・十八日	義経、強風をついて渡辺より船出。阿波国勝浦に上陸し平家軍を破る。
	二月十九日	義経、讃岐・屋島を奇襲、平家は船で志度に逃れる（屋島の戦）。
	二月二十一日	志度の戦で平家が再び敗れ、海路を長門へと向かう。
	三月二十四日	源平両軍が長門国・壇ノ浦で海上戦（壇ノ浦の戦）。平家が敗れ滅亡。安徳天皇入水。教盛・経盛らも海に消える。
	三月二十四日	宗盛父子、建礼門院は生け捕られ都に送られる。
	五月	建礼門院が出家。
	五月七日	義経が宗盛父子を護送して鎌倉に向かう。
	五月十五日	義経の一行が酒匂に着くが、頼朝は義経の鎌倉入りを禁じ、十日間止め置かれる。
	五月二十四日	義経は腰越まで行き、嘆願の書状を大江広元に送り、心情を訴える。
	六月	義経、宗盛らを連れ都に戻るが近江国篠原で頼朝の命により宗盛父子を斬首。
	七月	京に大地震多くの建物が倒壊。
（文治元）年	十月十七日	土佐坊昌俊が頼朝の命を受け、京都・堀川館の義経を襲う。
	十月十八日	後白河法皇が頼朝追討の宣旨を義経に下す。

年表

	十月二十九日	頼朝が義経討伐のため鎌倉を進発。
	十一月三日	義経、頼朝の追討を逃れ、京を脱出し西国へ。
	十一月六日	義経、大物浦から出航するが暴風雨のため住吉の湾に漂着。
	十一月七日	北条時政が兵を率いて入京、頼朝に義経追討の院宣が下る。
	十一月	義経、静と弁慶らわずかの家来を連れて吉野へ逃れる。
	十一月十七日	義経と別れた静が吉野で捕らわれる。
一一八六（文治二）年	三月一日	静が鎌倉に送られ尋問される。
	四月八日	静が鶴岡八幡宮の神前で舞の奉納を命じられる（静の舞）。
	四月	後白河法皇が大原に建礼門院を訪れる（大原御幸）。
		義経が吉野から京へ戻り、比叡山に隠れているという噂が広まる。
	七月二十九日	静、男子を出産するが棄死される。
一一八七（文治三）年	二月	義経が近江、北陸路を経て奥州へ入ったと伝わる。
	十月二十九日	藤原秀衡が没す。
一一八八（文治四）年	二月二十一日	藤原基成・泰衡に義経追捕の宣旨が下る。
一一八九（文治五）年	二月十五日	藤原泰衡は、義経を慕っていた末弟頼衡を殺害する。
	二月二十二日	頼朝が後白河法皇に藤原泰衡追討を求める
	四月三十日	藤原泰衡が義経の居館・高館を急襲。義経は妻子を刺して自害する、三十一歳。
	五月	義経死亡の知らせが鎌倉へ。
	六月六日	藤原泰衡、弟忠衡を殺害する。
	六月十三日	藤原泰衡の使者が義経の首を腰越に持参する。
	七月十九日	頼朝が自ら軍勢を率い、奥州征伐に向かう。
	八月八日	泰衡軍と頼朝軍が阿津賀志山で合戦。泰衡が敗れて平泉へ。
	九月三日	藤原家累代の郎従・河田次郎が藤原泰衡を殺害。その首を鎌倉に届ける。
一一九〇（建久元）年		頼朝が上洛、六波羅第に入る。後白河法皇に謁見。
一一九一（建久二）年		建礼門院没す。
一一九二（建久三）年	三月	後白河法皇没す。
一一九二	七月	頼朝、征夷大将軍となる。
一一九九（建久十［正治元］）年		頼朝没す、五十三歳。

源氏系図

- 清和天皇—貞純親王—経基王—満仲
  - 頼光—頼国—頼綱—仲政—頼政
  - 頼信—頼義—義家—義親—為義
    - 義朝
      - 義平
      - 朝長
      - 頼朝
        - 頼家
        - 実朝
        - 大姫
      - 希義
      - 範頼
      - 全成（今若）
      - 義円（乙若）
      - 義経
    - 義賢—義仲（木曾）—義高
    - 義広
    - 為朝
    - 義盛（新宮行家）

奥州藤原氏系図

- 藤原鎌足〜秀郷〜経清
  - 清衡
    - 基衡—秀衡
      - 国衡
      - 泰衡
      - 忠衡
      - 高衡
      - 通衡
      - 頼衡
    - 家清
    - 正衡
    - 清綱
  - 経元

平氏系図

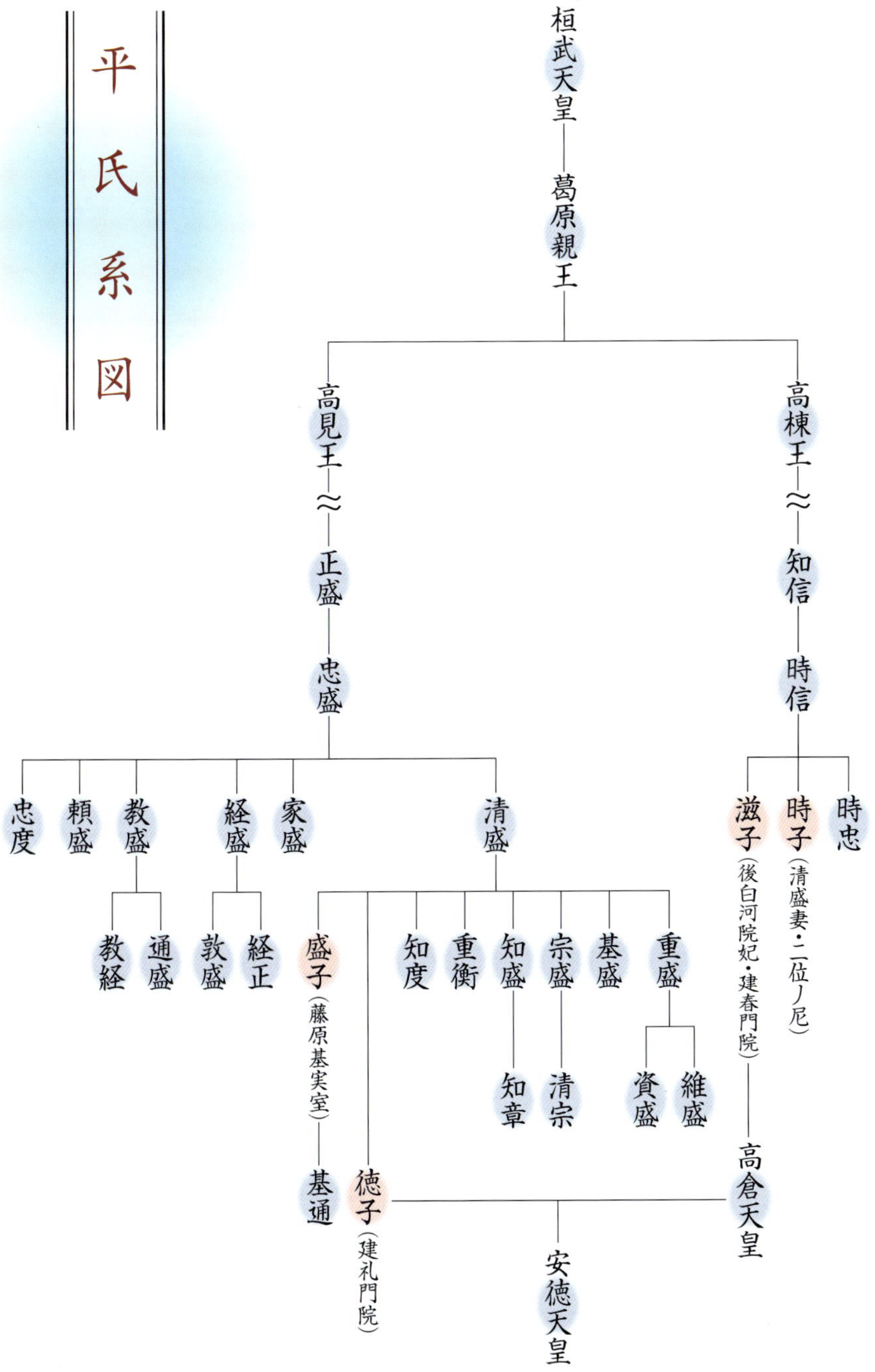
桓武天皇
葛原親王
高見王
正盛
忠盛
忠度
頼盛
教盛
経盛
家盛
清盛
教経
通盛
敦盛
経正
盛子（藤原基実室）
基通
徳子（建礼門院）
知度
重衡
知盛
宗盛
基盛
重盛
知章
清宗
資盛
維盛
安徳天皇
高棟王
知信
時信
滋子（後白河院妃・建春門院）
時子（清盛妻・二位ノ尼）
時忠
高倉天皇

執　筆

小栗茂樹　河村吉宏　中村　勝
三浦隆夫　早内高士　西村彰朗

参考文献

『愛のかたち　京に燃えたおんな』（堀野廣・京都新聞出版センター）/『おんなの史跡を歩く』（京都新聞社）/『ガイドブック京都』（京都新聞出版センター）/『かくれた史跡100選』（京都新聞社）/『歌舞伎と京都』（京都新聞社）/『京都丹後・丹波伝説』（京都新聞社）『京都の地名を歩く』（京都新聞出版センター）/『京都ふしぎ民俗史』（竹村俊則・京都新聞社）/『京の史跡めぐり』（竹村俊則・京都新聞社）/『京の社寺を歩く』（京都新聞社）/『京の墓碑めぐり』（竹村俊則・京都新聞社）/『こころの譜　日記つれづれ』（三浦隆夫/杉田博明・京都新聞社）/『千年の息吹き　上』（京都新聞社）/『平安京散策』（角田文衞・京都新聞社）/『平安京年代記』（村井康彦・京都新聞社）/『乱世の実力者たち』（京都新聞社）/『赤間神宮　源平合戦図録』（赤間神宮）/『吾妻鏡　第一』（吉川弘文館）/『尼崎市史第1巻』（尼崎市）/『奥州藤原氏四代』（高橋富雄・東洋文庫）/『合戦の日本史』（安田元久・主婦と生活社）/『義経記1・2』（佐藤謙三/小林弘邦・東洋文庫）/『玉葉』（国書双書刊行会）/『週刊おくのほそ道を歩く　奥州街道平泉』（角川書店）/『成吉思汗の秘密』（高木彬光・角川文庫）/『人物日本の女性史3　源平争乱期の女性』（集英社）/『すらすら読める「平家物語」』（高野澄・PHP文庫）/『太陽　特集伝説源義経』（平凡社）/『中世の光景』（朝日新聞社）/『特別展　源平合戦とその時代』（香川県歴史博物館）/『日本の合戦1　源平の盛衰』（人物往来社）/『ふうらい』（北嶋風太・六花舍）/『平家物語絵巻』（林原美術館）/『平治物語』（日下力・岩波セミナーブックス）/『源義経』（村上元三・講談社文庫）/『源義経』（安田元久・新人物往来社）/『源義経』（渡辺保・吉川弘文館）/『吉川英治全集30　源頼朝』（講談社）/『義経　上・下』（司馬遼太郎・文春文庫）/『義経阿讃を往く』（田村直一）/『義経残照』（読売新聞社）/『歴史と旅　特集義経と武蔵坊弁慶』（秋田書店）/『歴史群像シリーズ13　源平の興亡』（学研）/『歴史読本　特集悲運の英雄・源義経』（新人物往来社）/『歴史読本　特集頼朝挙兵/源氏逆襲』（新人物往来社）

協　力（敬称略）

京都市観光協会、京都府立総合資料館、龍谷大学大宮図書館、首途八幡宮、祇王寺、北野天満宮、清水寺、鞍馬寺、五条天神社、金剛能楽堂、寂光院、常徳寺、神護寺、泉涌寺、長楽寺、六波羅蜜寺、北海道・平取町役場、やまがた観光情報センター、岩手県川井村教育委員会、宮古市商工観光課、宮城県栗駒町教育委員会、宮城県金成町教育委員会、鎌倉市観光課、鎌倉市観光協会、清水町教育委員会、石川県こまつ芸術劇場、勝山市商工観光課、下関観光コンベンション協会、下関市観光振興課、東京国立近代美術館、国立歴史民俗博物館、神奈川県立歴史博物館、大津市歴史博物館、神戸市立博物館、香川県立歴史博物館、林原美術館、赤間神宮、生田神社、厳島神社、圓教寺、延暦寺、大物主神社、大山祇神社、観音寺、義経寺、義経堂、義仲寺、熊野神社、栗原寺、金峰山寺、成福寺、白旗神社、洲崎寺、須磨寺、中尊寺、長沢八幡宮、中村判官堂、箱石判官神社（山名光高）、埴生護国八幡宮、満福寺、三井寺、毛越寺、屋島寺、義経神社、吉水神社、艸藝社、便利堂、（株）東北レジャー情報、鞍馬寺貫主・信樂香仁、伊藤友久コレクション、伊藤友己、乾　一輿、桐井雅行、佐々木武美、曽根祥子、田村直一、西井正氣、廣谷晴美、安田健一

京都新聞出版センター　刊行図書のご案内　定価は税込（5%）

幕末・維新 彩色の京都……白幡洋三郎 著

■定価 一、二六〇円　B5判・オールカラー／一三四頁

京都・近江を舞台にした彩色写真一三〇点余を収録。一〇〇年前の懐かしい風景や庶民の暮らしがいま鮮やかによみがえる。

維新前夜の京をゆく 志士清風録……京都新聞出版センター編

■定価 一、四〇〇円　A5判・オールカラー／一六〇頁

坂本龍馬、西郷隆盛、桂小五郎…。日本の夜明けに命を賭けた若き志士たちの生き様を、詳細な史跡マップとともに綴る幕末維新ガイドブック！

維新前夜の京をゆく 新選組見聞録……京都新聞出版センター編

■定価 一、四〇〇円　A5判・オールカラー／一五二頁

京を駆け抜けた新選組の魅力を鮮やかに甦らせる。待望の新選組ガイドブック決定版。

愛のかたち 京に燃えたおんな……堀野廣 文

■定価 一、四七〇円　A5判・オールカラー／二二四頁

小野小町・お市の方・日野富子など、妻・母・女として京を舞台に愛に燃えた女性五〇人の生涯を描く。

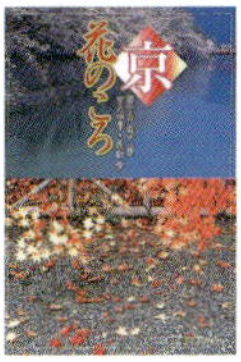

京 花のころ……水野丹石 写真・文

■定価 一、五七五円　A5判・オールカラー／一六〇頁

撮っておきの花どころ、京の四季を彩る花の名所一〇〇余カ所を美しい写真と軽妙な文章で紹介。

ガイドブック京都……京都新聞出版センター編

■定価 一、二〇〇円　A5判・オールカラー／二三二頁

京の観光スポットを定番から最新情報まで一挙紹介！ほか、話題の魔界、年中行事、世界遺産、花ごよみなどの情報も。

京の社寺を歩く……京都新聞社編

■定価 一、二六〇円　A5判／二五二頁

京の町の小路の奥に、ふるさとの村の山あいにひっそりとたたずむ一二〇の神社やお寺を暮らしのなかから取り上げ紹介。

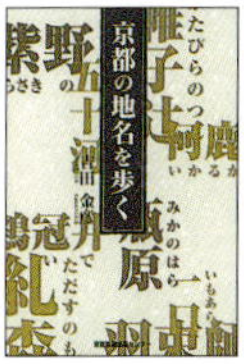

京都の地名を歩く……吉田金彦 著

■定価 一、四〇〇円　四六判／三五六頁

ロングセラー『京都滋賀　古代地名を歩く』（Ⅰ・Ⅱ）の「京都」部分に加筆した新版。地名が生まれた謎を解く。

千年の息吹き―京の歴史群像（上・中・下）…上田正昭・村井康彦編

■定価 二、五四八円　A5判／三七七頁

後醍醐天皇、足利尊氏、千利休、小堀遠州など。鎌倉末期・南北朝時代から江戸初期までの六八人の実像に迫る。

DVD 四季に咲く―京都三大祭―日英語版…京都新聞出版センター編

■定価 三、九九〇円　六〇分

大人気。四季に咲く「京都三大祭」がDVD版としてついに登場！葵祭、祇園祭、時代祭が鮮やかによみがえる。

◇構成・取材
中 井 美 里

◇レイアウト
清 水 英 旺

◇写 真
田 口 葉 子 ほか

◇装丁・本文デザイン
◇地図制作
木 村 康 子

京から奥州へ **義経伝説をゆく**

2004年7月12日　初版発行　©2004
2005年1月17日　二刷発行

編　者　京都新聞出版センター

発行者　栗　新　二

発行所　京都新聞出版センター
〒604-8578　京都市中京区烏丸通夷川上ル
TEL 075-241-6192　FAX 075-222-1956
http://www.kyoto-pd.co.jp

ISBN4-7638-0539-8 C0026　　印刷・製本　(株)図書印刷 同朋舎